HILARY DUFF

HELLO, THIS IS

HILARY DUFF

DAS GROSSE FANBUCH

**VON EDRICK THAY
ÜBERSETZT VON MADELEINE LAMPE**

SCHWARZKOPF & SCHWARZKOPF

Inhalt

Einleitung	7
Fast ein Reinfall	11
Achtung, hier kommt Lizzie!	19
Mach's gut, Disney! Mach's gut, Lizzie!	31
Metamorphosis	41
Hilary gibt Gas	53
Hilary ist nicht zu bremsen	63
Ein Märchen wird wahr	71
Herausforderungen	79
Wohltätigkeit und Unvollkommenheit	87
Hilary lernt Good Charlotte kennen	97
Es geht immer weiter	105
Das Hilary-Duff-Rätsel	119
Filmografie & Diskografie	122

Einleitung

Am 12. Januar 2001 zeigte der Disney Channel in den USA die erste Folge von *Lizzie McGuire*, einer neuen Comedyserie, die speziell für Tweens – Kids im Alter zwischen acht und zwölf – entwickelt worden war. Damals schenkte ich *Lizzie McGuire* wenig Beachtung, stolperte nur ab und zu darüber, wenn ich durch die Kanäle zappte. Was ich dabei von der Serie mitbekam, sprach mich erst einmal nicht besonders an. Aber *Lizzie McGuire* wurde innerhalb nur weniger Monate zu einem Hit.

Die 13-jährige Schauspielerin, die aus Hunderten von Bewerberinnen für die Hauptrolle ausgewählt worden war, wurde mehr oder weniger über Nacht zum Star. Ihr Name ist Hilary Duff. Und als die Beliebtheit von *Lizzie McGuire* ihren Höhepunkt erreichte, tat die ihre das auch. Man konnte sich Hilary Duff einfach nicht entziehen. Ihr Engelsgesicht strahlte einem von jedem Teeniemagazin entgegen. Da ich für jeden Hype empfänglich bin, kroch ich eines Samstagmorgens aus dem Bett, um mir eine Folge von *Lizzie McGuire* anzusehen. Ich fand die Serie zugegebenermaßen nicht besonders originell, mir war aber sofort klar, warum so viele Kids von der Hauptdarstellerin begeistert waren. Das telegene Mädchen war unglaublich sympathisch und mit einer seltenen Mischung aus Charisma und ungezwungenem Charme gesegnet. Ich konnte kaum glauben, dass sie erst 13 war und in *Lizzie McGuire* quasi ihre erste Hauptrolle spielte. Die junge Schauspielerin war unübersehbar ein Naturtalent.

In Deutschland lief *Lizzie McGuire* ein Jahr später, am 2. März 2002, im Disney Channel an, wo es sich auch größter Beliebtheit erfreute. Seither wird die Serie auf verschiedenen Sendern wiederholt.

Die Entdeckung der Kids als Zielpublikum und Stars – eine echte Fernsehrevolution – hatte mit den Zwillingen Mary-Kate und Ashley Olsen begonnen, die sich von 1987 bis 1995 die Rolle der Michelle Tanner in der Sitcom *Full House* geteilt und damit den Grundstein für ihre Karrieren gelegt hatten. Wer selbst keine Kinder hat, kennt wahrscheinlich keinen der Filme mit den Olsen-Zwillingen, aber bei neun- bis 14-jährigen Mädchen kamen die Schwestern unheimlich gut an. Die Kids kauften alles, was von ihnen auf dem Markt war: CDs, Videos, Klamotten und andere Fanartikel. Bisher hatte man den ganz jungen Zuschauern in Hollywood nicht besonders viel Aufmerksamkeit geschenkt, aber der Erfolg der Olsens bewies den Filmemachern und Produzenten, dass es sich lohnte, Filme und Serien für Kids und Teenager zu drehen. Seitdem waren sie immer auf der Suche nach dem nächsten Teeniestar.

Mit Hilary Duff schienen sie fündig geworden zu sein. Nach ihrem Abschied von *Lizzie McGuire* 2003 hat sie wie seinerzeit die Olsens ihren Namen zu einer Marke gemacht. Alles, auf dem Hilary Duff draufstand, wurde von den Fans begeistert angenommen und gekauft. So wurde sie in vierfacher Hinsicht zu einer Konkurrentin für die Olsens: in Film und Fernsehen, in der Musik- und Modebranche. Da die Olsen-Zwillinge 2004 mit ihrem ersten großen Hollywoodfilm *(Ein verrückter Tag in New York)* einen Flop landeten, hat Hilary nun sogar die Chance, noch erfolgreicher als die Schwestern zu werden.

Sicher hat Hilary auch Kritiker, und oft wird sie als kleines Rädchen im großen Hollywood-Getriebe beschrieben – als Schauspielerin und Sängerin ohne künstlerischen Anspruch. Doch das wird ihr nicht gerecht. Man kann von ihren Filmen und ihrer Musik halten, was man will, aber Hilary ist auf jeden Fall ein Profi, der sich seinen Platz in Hollywood durch Beharrlichkeit und Fleiß verdient hat. Vermutlich gibt es nur wenige, die zweihundert gescheiterte Vorsprechen durchstehen, ohne aufzugeben. Die fest an ihre Träume glauben, auch wenn die Chancen schlecht stehen, und die sich treu bleiben, wenn der Erfolg sich endlich einstellt. Hilary Duff hat das geschafft.

Wenn die Kritiker Filme wie *Raise Your Voice – Lebe deinen Traum* und *Der perfekte Mann* von vornherein ablehnen, verstehen sie nicht, worum es Hilary geht: nicht darum, einen Oscar zu gewinnen, sondern Filme zu drehen wie Kate Hudson *(Wie werde ich ihn los in 10 Tagen)*. Das Gleiche gilt für ihre Musik. Hilary bewundert Britney Spears und möchte so erfolgreich werden wie sie. Bis jetzt hat sie sich nicht von den Kritikern davon abhalten lassen, Filme und Musik für ihre Fans zu machen.

Als Schauspielerin wartet Hilary noch auf ihren großen Durchbruch. Bei aller Kritik, mit der sie fertig werden musste, hat sie eine große Fangemeinde. Sie ist erfrischend anders als Christina Aguilera, Britney Spears, Jessica Simpson und Lindsay Lohan. Und allein dafür hat Hilary Duff Applaus verdient. Sie ist bodenständig, bescheiden, freundlich, und sie hat Stil. Zu einem Star wurde sie, weil sie so ist, wie sie ist: liebenswürdig und herzlich. Man muss sie einfach lieben.

Kapitel 1

Fast ein Reinfall

"Mein Leben ist echt verrückt, und ich habe viel zu tun, aber das gefällt mir."
— Hilary Duff

Hilary Duff hat als Sängerin und Schauspielerin Erfolge zu verzeichnen, die man ihr in ihrem Alter gar nicht zugetraut hätte – zumal sie mit einer Körpergröße von circa 1,57 Meter auch nicht unbedingt dem Hollywood-Ideal entspricht. Um Kids und Teenager anzusprechen, bedient man sich in Hollywood und in der Musikbranche gern jüngerer Stars. Dieser Trend wurde mit der enormen Popularität der Olsen-Zwillinge in Gang gesetzt und von Hilary Duff, Lindsay Lohan und Britney Spears fortgeführt. Es scheint, als würde Hilary mit Anfang zwanzig nicht nur genauso viel Erfolg ernten wie die anderen Teeniestars, sondern sie sogar überflügeln. Sie sieht aus wie das nette Mädchen von nebenan, hat eine unglaubliche Anziehungskraft und ist dabei ganz bodenständig und unschuldig geblieben, ohne überheblich zu wirken. Hilary hat großes Talent und viele treue Fans – das ist ihr Erfolgsgeheimnis. Nach dem Megaerfolg mit der Serie *Lizzie McGuire* veröffentlichte sie die Hitalben *Metamorphosis*, *Hilary Duff* und *Most Wanted* (ein überaus passender Titel, denn *Most Wanted* stieg 2005 auf Nummer eins der Billboardcharts ein). Hilary ist ein einfaches Mädchen aus Houston, Texas, das seinen Traum wahr werden ließ.

Hilary Erhard Duff wurde am 28. September 1987 in Houston, Texas, als jüngere von zwei Schwestern geboren. Ihr Vater Robert war Inhaber mehrerer Mini-Märkte und ihre Mutter Susan Colleen Hausfrau. Wie bei allen Kinderstars war auch bei Hilary bereits früh zu erkennen, dass sie sich gern vor Publikum zeigte – wie übrigens auch ihre Schwester Haylie.

In einem Interview mit der *Calgary Sun* erzählte Hilary, dass diese sie sehr beeinflusst habe: »Ich wollte immer so sein wie meine große Schwester Haylie. Als sie Fahrrad fahren lernte, wollte ich das auch. Als sie Ballettunterricht nahm, machte ich das auch. Ich habe Gesangsunterricht genommen, weil sie das tat.«

Susan erkannte Hilarys Talent und ermutigte ihre Tochter, am Schauspielunterricht ihrer Schwester teilzunehmen. Doch sie drängte Hilary nicht in diese Branche. Mutter und Tochter haben beide immer wieder betont, dass die Entscheidung nur bei Hilary lag.

»Mein Mann und ich waren nie im künstlerischen Bereich tätig«, sagte Susan in einem Interview, »also waren wir auch nicht darauf fixiert.«

Dennoch unterstützten sie ihre Tochter. Immer wenn Hilary nach dem Grund für ihren Erfolg gefragt wird, spricht sie auch über ihre Mutter. »Ich verstehe mich super mit meiner Mom«, sagte sie während der Werbetour für den Teeniefilm *Raise Your Voice – Lebe deinen Traum*. »Wir sind beste Freundinnen. Ich erzähle ihr alles. Sie ist mein Vorbild und meine Inspiration. Sie ist ein guter

> "Ich verstehe mich super mit meiner Mom. Wir sind beste Freundinnen. Ich erzähle ihr alles. Sie ist mein Vorbild und meine Inspiration. Sie ist ein guter Mensch und so stark ... Darum beneide ich sie."

Hilary Duff (rechts) mit ihrer Schwester Haylie bei der Premierenfeier zur dritten Staffel der erfolgreichen Fernsehserie »Entourage« in Hollywood.

Mensch und so stark ... Darum beneide ich sie.«

Die Duffs sind eine Familie, in der sich alle sehr nahestehen. Hilary, die von ihren Freunden Hil und wegen ihrer Vorliebe für »Juicy Fruit«-Kaugummis Juicy genannt wird, hatte eine glückliche Kindheit. »Ich bin in Texas aufgewachsen, alles war ganz normal. Ich bin dort fest verwurzelt«, erzählte sie dem Journalisten Vincent J. Schodolski. »Normal« ist allerdings relativ. Es gibt schließlich nicht viele Mädchen, die als Sechsjährige mit dem Ballett *Der Nussknacker* auf Tour gehen, so wie Hilary. Kurz nach der Tour mit dem Columbus Ballet-Met ergatterte Hilary eine Rolle in einem Werbespot, und schon in diesem frühen Alter hatte sie das Gefühl, dass das der Anfang von etwas Großem war.

»Als ich mit sechs diesen Werbespot gedreht habe, hat es mir einfach Spaß gemacht«, sagte sie einmal in einem Interview. »Es ist komisch, dass die Leute Kindern nicht zutrauen, dass sie ehrgeizig sind und etwas unbedingt machen wollen.«

Als Hilary wieder in Houston war, fasste sie für sich den Entschluss, Schauspielerin zu werden. Da sie die Rolle in ihrem ersten Werbespot ohne ihr Zutun bekommen hatte, glaubte sie, das würde ganz leicht werden.

Die Zeit zwischen Januar und April bezeichnet man in Hollywood als Pilot Season. In dieser Zeit werden Pilotfolgen von neuen Serien gedreht und Schauspieler gecastet – aber nur ein Teil der Serien geht tatsächlich in Produktion. Während dieser Pilot Season fuhren die Duffs wieder nach Los Angeles, und Hilary nahm an unzähligen Vorsprechen teil – leider ohne Erfolg. Zurück in Texas war sie zwar etwas entmutigt, aber immer noch fest entschlossen. Vom Epizentrum der Film- und Fernsehproduktion Los Angeles ist Houston Welten entfernt. Und wie Tausende ehrgeizige Schauspielerinnen vor ihr musste Hilary erst einmal einen Weg zum Einstieg in die Branche finden. Leicht würde es nicht werden, aber die Duffs meinten es ernst. Und so beschlossen sie, nach L.A. zu ziehen.

Die neunjährige Hilary, die elfjährige Haylie und ihre Mutter zogen also voller Vorfreude von Houston nach Los Angeles. Hilarys Vater war anfangs skeptisch und wollte seine Töchter nicht aus ihrer vertrauten Umgebung reißen. Letzten Endes blieb er aber doch allein in Houston zurück, um sich um seine Geschäfte zu kümmern, und flog alle drei Wochen nach Los Angeles, wo er seine Familie besuchte. Bereits in Texas hatten die Duffs eine Managerin engagiert, der sie 1000 Dollar bezahlten, damit sie sie nach Los Angeles bringen und dort Vorsprechen für die Mädchen arrangieren sollte. Doch als die drei in der »Stadt der Engel« ankamen, war die Managerin plötzlich verschwunden.

> "Ich wollte immer so sein wie meine große Schwester Haylie. Als sie Fahrrad fahren lernte, wollte ich das auch. Als sie Ballettunterricht nahm, machte ich das auch. Ich habe Gesangsunterricht genommen, weil sie das tat."

Hilary war niedergeschlagen und entmutigt, aber ihre Mutter gab ihr Kraft und zeigte sich entschlossen, wie eine Löwin für ihre Tochter zu kämpfen. Susan wollte nicht noch einmal hereingelegt werden. Also nahm sie die Sache selbst in die Hand: Sie ging in einen Buchladen und kaufte alle Bücher über die Filmbranche, die sie finden konnte. Mit dem Wissen aus diesen Büchern war Susan dann in der Lage, einen Agenten und einen Manager für ihre Töchter zu finden. Und plötzlich konnten Hilary und Haylie an vielen Vorsprechen teilnehmen – an sage und schreibe mehr als zweihundert. Selbst als sich trotz all der Castings kein Erfolg einstellte, gab Hilary ihren Traum nicht auf.

Nur selten wurde sie zu einem zweiten Vorsprechen eingeladen, sie erhielt aber dennoch hin und wieder ein paar kleinere Rollen. So ergatterte sie eine kleine, nicht im Abspann erwähnte Rolle in *True Women* (auch bekannt als *Western Ladies – Ihr Leben ist die Hölle*), der Fernsehadaption von Janice Woods Windles Roman *Stolze Frauen, weites Land*. Danach war sie Statistin (wieder wurde sie nicht im Abspann genannt) in Willard Carrolls Tragikomödie *Leben und lieben in L.A.* (1998), in der Dennis Quaid, Sean Connery und die damals noch unbekannte Angelina Jolie mitwirkten. Gemeinsam spielten die Duff-Schwestern dann in der Pilotfolge zu *The Underworld* mit – sie wurden darin von einem Alien gefressen –, woraus aber letztendlich dann doch keine Serie wurde.

1998 erhielt Hilary eine Rolle in der zweiten Fortsetzung der überaus erfolgreichen gleichnamigen Adaption des beliebten Comics *Casper*, in der Christina Ricci mitgespielt hatte. In *Casper trifft Wendy* hat Hilary sicher große Erwartungen gesetzt, aber der Film, in dem sie die junge Hexe Wendy spielte, kam gar nicht erst ins Kino, sondern wurde im September 1998 nur auf Video veröffentlicht. Obwohl der Streifen recht negative Kritiken erhielt, ließ Hilary sich nicht entmutigen.

Kurz darauf ergatterte sie eine Nebenrolle in dem Fernsehfilm *Der himmlische Plan*, der auf einem Roman von Kathleen Kane beruht. Darin spielt Bruce Greenwood den Engel Zacariah, dessen Aufgabe es ist, den Seelen kürzlich Verstorbener beim Übergang von der Erde in den Himmel zu helfen. Aber

> Hilary wird wegen ihrer Vorliebe für "Juicy Fruit"-Kaugummis Juicy genannt.

Zacariah langweilt sich und vernachlässigt seine Arbeit. Zur Strafe verurteilt ihn Mordecai (Ossie Davis) dazu, dreißig Tage als Normalsterblicher auf der Erde zu leben. Zacariah verliebt sich in die Farmerin Rebecca (Melissa Gilbert), die Witwe eines Mannes, dessen Seele er erst vor Kurzem geholt hat. Hilary spielt Ellie, die Tochter von Rebeccas krebskranker Schwester.

Nach seiner Erstausstrahlung im amerikanischen Fernsehen am 24. Oktober 1999 erhielt *Der himmlische Plan* dank seiner rührenden Story viel Lob vonseiten der Kritiker und der Zuschauer. Aber für Hilary war es vor allem wichtig, dass sie nun einem breiteren Publikum bekannt wurde. Prompt bekam sie auch einen Young Artist Award als beste Nebendarstellerin in einem Fernsehfilm. Der Young Artist Award ist zwar nicht unbedingt ein Barometer für zukünftigen Erfolg, aber er führte dazu, dass ein paar Produzenten auf die junge Schauspielerin aufmerksam wurden, darunter auch die von Disney, die gerade an einem Projekt arbeiteten, bei dem es um ein Mädchen namens Lizzie McGuire ging.

Mit dem Erfolg von *Der himmlische Plan* im Rücken bekam Hilary langsam auch anspruchsvollere und angesehenere Rollen. 2000 hatte sie einen Gastauftritt in der letzten Staffel von *Chicago Hope – Endstation Hoffnung*. In der Folge *Todesengel im Fahrstuhl* spielte sie die Patientin Jessie Seldon, die an einem Gehirnaneurysma leidet. Die Ärzte retten ihr das Leben mit einer riskanten Operation, die speziell für sie entwickelt wurde. Hilarys Darstellung war sehr zurückgenommen und gar nicht sentimental. Damit machte die Schauspielerin, die noch immer in den Kinderschuhen steckte, weiter auf sich aufmerksam.

Hilary erhielt hier und da Rollen, aber nichts war von Dauer. Sie schaffte es bei den Vorsprechen selten in die zweite Runde, was sie immer mehr entmutigte. Als sie für die Pilotfolge der Sitcom *Daddio* gecastet wurde, glaubte Hilary, nun würde ihr endlich der Durchbruch bevorstehen.

Die Hauptrollen in der Serie spielten Michael Chiklis *(The Shield – Gesetz der Gewalt, Fantastic Four)* und Anita Barone *(The Jeff Foxworthy Show)*. Chiklis verkörperte Chris Woods, einen Mann, der seinen Job kündigt, um Hausmann zu werden, während seine Frau Linda (Barone) einen gut bezahlten Job als Staatsanwältin annimmt. Hilary war eines der Woods-Kinder, aber aus ihrem erhofften Durchbruch wurde wieder nichts, denn ihre Rolle wurde nach Ausstrahlung der Pilotfolge aus dem Drehbuch gestrichen. Allerdings war Chiklis optimistisch, was die Zukunft seines ehemaligen Co-Stars anging. In einem Interview mit den *New York Daily News* sagte er: »Nach dem ersten Drehtag habe ich zu meiner Frau gesagt: ›Dieses Mädchen wird mal ein Filmstar werden.‹ Sie war ganz natürlich und fühlte sich wohl in ihrer Haut.«

Trotz dieses Lobes war Hilary am Boden zerstört. Ihr Selbstvertrauen war dahin. Vor der Kamera gibt ein Schauspieler sehr viel von sich preis. Wenn die

Anerkennung ausbleibt, neigt man schnell dazu, seine eigenen Fähigkeiten in Frage zu stellen und darüber nachzudenken, ob man nicht besser aufgeben und etwas völlig anderes machen sollte. So erging es auch der kleinen Hilary, die nun doch lieber wieder nach Houston zurückkehren wollte.

Aber ihre Mutter überzeugte sie davon, wenigstens noch eine Zeit lang in Los Angeles zu bleiben. Ein letztes Vorsprechen stand noch bevor. Nachdem die Castingchefs bei Disney Hilary in *Der himmlische Plan* gesehen hatten, luden sie sie zum Vorsprechen für eine Sitcom des Disney Channels mit dem Arbeitstitel *What's Lizzie Thinking?* ein.

»Ich wollte aufhören«, gab Hilary in einem Interview mit der *Entertainment Weekly* zu, »und ich hatte nur noch ein letztes Vorsprechen vor mir – für *Lizzie McGuire*.« Hilarys Mutter bestand darauf, dass ihre Tochter auch diese Verpflichtung noch erfüllte, weshalb Hilary schließlich widerwillig zu dem Casting ging. Damals ahnte sie noch nicht, dass das ihr Leben für immer verändern sollte.

Kapitel 2

Achtung, hier kommt Lizzie!

"Es ist komisch, aber manchmal fühle ich mich eher wie meine Zeichentrickfigur und nicht wie Lizzie, weil sie ein bisschen ausgefallener und schlagfertiger ist."

Hilary Duff

Die Kündigung hatte Hilary hart getroffen, aber sie war ohne Frage das Beste, was ihrer Karriere passieren konnte. Nach der Premiere im Frühjahr 2000 erhielt *Daddio* gemischte Kritiken. Eine der besseren kam von der Website *PopMatters*: Hier war zu lesen, dass die Serie durchaus das Potenzial hätte, Probleme der modernen Familie zur Sprache zu bringen. Mit ihren eher dürftigen Gags und den nicht besonders spannenden Storys erreichte die Sitcom jedoch nicht viele Zuschauer. Sie erhielt ständig neue Sendeplätze – was nie ein gutes Zeichen ist. Nach Ausstrahlung von nur neun Folgen wurde *Daddio* schließlich im Oktober abgesetzt. Hilarys früher Abgang erwies sich im Nachhinein also eher als Segen und nicht als Fluch.

Von ihrer Mutter ermutigt, ging Hilary also zu diesem Vorsprechen, das sie für ihr letztes hielt. Es ging dabei um eine Serie über einen 13-jährigen Teenager namens Lizzie McGuire, der mithilfe von Freunden, Eltern und seinem Trickfilm-Ich mit den Problemen des Erwachsenwerdens fertig werden muss. Die Trickfilmfigur äußert Lizzies heimliche Gedanken – Gedanken, die viele von uns haben, die wir aber nie aussprechen würden. Das anfangs betitelte *What's Lizzie Thinking?* entstand nach einer Idee von Terri Minsky, die zum Beispiel auch einige Folgen für *Sex and the City* geschrieben hat, und dem ausführenden Produzenten Stan Rogow, zu dessen früheren Arbeiten eine Folge von *Fame* und der Film *Ayla und der Clan des Bären* zählen.

Minsky hatte das Drehbuch bereits 1995 geschrieben. Ursprünglich ähnelte es der beliebten Comedyserie *Wunderbare Jahre* aus den Achtzigern, in der der Emmypreisträger Fred Savage die Hauptrolle gespielt hatte. Genau wie in

Wunderbare Jahre ging es in *What's Lizzie Thinking* um einen Teenager, dessen innerste Gedanken durch eine Stimme aus dem Off preisgegeben werden. Die Disney-Produzenten wollten aber mehr aus der Idee machen, und Rogow schlug daher vor, statt der Stimme aus dem Off eine gezeichnete Figur einzubauen, die die Einfälle der Hauptperson illustriert. Diese Idee kam bei den Verantwortlichen des Disney Channels sehr gut an.

Bisher war Rogow hauptsächlich beim Film tätig gewesen. Aber als er sich die Lieblingssendungen seines kleinen Sohnes Jackson ansah, wurde ihm klar, dass viele Kindersendungen unter einer billigen Produktion und schlechten Geschichten litten. Im Vergleich zu Kinofilmen und den Special Effects, die auch im Fernsehen immer alltäglicher wurden, wirkten sie einfach nur blass. Er wollte es besser machen und vielleicht auch seinem Sohn damit noch etwas Gutes tun.

Auf diese Weise inspiriert, widmete sich Rogow der Aufgabe, Minskys Konzept in die Tat umzusetzen. In *What's Lizzie Thinking?* würde alles zur Anwendung kommen, was man sonst in Fernsehsendungen des Mainstream scheute: schnelle Schnitte, abrupte Szenenwechsel und gezeichnete Figuren – eine Idee, die Rogow direkt Tom Tykwers Film *Lola rennt* (1998) entnahm. Die Serie würde ganz anders sein als alles, was der Disney Channel bisher zu bieten hatte, und zum Aushängeschild des Senders werden, der sich neu zu erfinden versuchte, um mit seinen Konkurrenzsendern Nickelodeon und Cartoon Network mithalten zu können.

> Der Erfolg von "Lizzie McGuire" veränderte Hilarys Alltag stark. Früher lebte sie in völliger Anonymität, und jetzt wurde selbst ein Ausflug zum Einkaufszentrum zu einem Abenteuer. Ihre Fans waren einfach überall und riefen "Lizzie! Lizzie!" oder "Hilary! Hilary!" hinter ihr her.

Ende der Achtziger und in den Neunzigern hatte der Disney Channel für junge Zuschauer, die kein Interesse an dessen altmodischen und hölzernen Sendungen hatten, an Bedeutung verloren. Sogar der angesehene und einst so beliebte *New Mickey Mouse Club*, der das Karrieresprungbrett für Britney Spears, Justin Timberlake und Christina Aguilera gewesen war, geriet ins Straucheln. Jahrzehntelang war Disney der einzige Name im Bereich der Kinderunterhaltung gewesen, nun aber verlor er an Bedeutung, weil das Zielpublikum anspruchsvoller wurde.

Mehr und mehr interessierten sich die Kids für Blockbuster, MTV und das Internet und zogen sich von den konventionellen Sendungen des Disney Channels zurück. Sie schauten lieber die ausgefallenen und innovativen Serien von Nickelodeon und Cartoon Network, die Kinder und Erwachsene gleichermaßen ansprachen, wie zum Beispiel das ironische und satirische *SpongeBob Schwammkopf*. Der Disney Channel hatte unter den drei Sendern die wenigsten Zuschauer. Dass die Kids nicht mehr einschalteten, war aber nicht das einzige Problem. Die Kabelbetreiber waren zunehmend unzufrieden mit den hohen Lizenzgebühren, die mit dem Namen Disney verbunden waren. Am Ende des 20. Jahrhunderts drohte Disney zu einem Relikt zu werden.

Die Aufgabe, den Disney Channel neu zu erfinden, kam der Präsidentin des Senders Anne Sweeney zu, die nach ausgiebigen Recherchen beschloss, sich auf die sogenannten »Tweens« zu konzentrieren. Das war eine vernünftige Strategie. Die Werbung hatte diese Zielgruppe lange Zeit ignoriert und sich stattdessen vor allem auf junge Männer zwischen 18 und 34 konzentriert. Aber der phänomenale und überwältigende Erfolg von Mary-Kate und Ashley Olsen machte auf einmal ganz junge Zuschauer interessant. Der Erfolg der Olsens zeigte, wie das Geschäftsmodell für Teeniestars aussah: Man musste zu einer Marke werden.

> "Mein Leben hat sich wahnsinnig verändert. Wenn ich stolpere oder kleckere, habe ich immer Angst, dass es alle gesehen haben könnten. Man hat viele Privilegien, aber auch eine große Verantwortung, wenn man im Fernsehen auftritt. Ich habe großartige Leute wie Nelson Mandela und Steven Tyler kennengelernt, aber trotzdem führe ich ein ganz normales Leben. Ich übernehme Aufgaben im Haushalt und gehe wie alle meine Freunde zur Schule."

Sweeney erkannte ihre Chance und nutzte sie. Sie wandte sich an Rich Ross, den Programmchef des Disney Channels, und beauftragte ihn mit der Produktion von täglichen Serien, die die Kids fesseln und bei der Stange halten würden. Ross machte ihr zwei Vorschläge: *Even Stevens* und *Lizzie McGuire*. Innerhalb eines Jahres retteten diese beiden Serien den Disney Channel vor dem Absturz in die Bedeutungslosigkeit und sorgten dafür, dass der Sender wieder als die Nummer eins bei den Kids galt. Der Disney Channel wurde zu einem der fünf Kabelsender mit den höchsten Einschaltquoten zur Primetime. Ein großer Teil dieses Erfolgs ist zweifellos Hilary Duff zuzuschreiben.

Da sich Hunderte von Mädchen um die Rolle der Lizzie McGuire bewarben, erwartete die erschöpfte Hilary nicht sehr viel. Aber sie zog die Castingchefs mit ihrer warmen und charmanten Ausstrahlung sofort in ihren Bann. Sie lief auf den Händen, zeigte, was sie mit einem Jo-Jo machen konnte und beeindruckte durch ihren ungewöhnlichen Kleidungsstil. Hilary verhielt sich zur Freude von Rogow genau so, wie er es von einer 12-Jährigen erwartete. Er hatte nach einem Durchschnittsmädchen gesucht.

Rogow sagte gegenüber der *Entertainment Weekly*, Lizzie würde sich durch das definieren, was sie nicht war: »Sie war kein Cheerleader, keine Diva, kein

Sportfreak, sie war einfach nur Lizzie.« Hilary meisterte ihre Aufgabe großartig. Nach ein paar weiteren Castingrunden, in deren Ergebnis Hunderte junger Mädchen nach Hause geschickt wurden, erhielt Hilary den lang ersehnten Anruf, in dem ihr mitgeteilt wurde, dass sie die Hauptrolle in der Serie übernehmen würde.

What's Lizzie Thinking?, das in *Lizzie McGuire* umgetauft worden war, feierte am 12. Januar 2001 Premiere auf dem amerikanischen Disney Channel. In 65 Folgen versucht der Teenager Lizzie, mit den Tücken des Erwachsenwerdens fertig zu werden. Die Intrigen von Lizzies früherer Freundin Kate Sanders (Ashlie Brillault), die jetzt das beliebteste Mädchen der Schule ist, machen ihr genauso zu schaffen wie die unerwiderte Liebe zu dem Mädchenschwarm Ethan Craft (Clayton Snyder). Immer mit dabei sind Lizzies bester Freund und erster Schwarm David »Gordo« Gordon (Adam Lamberg) und ihre treue Freundin Miranda Sanchez (Lalaine).

Lizzies gezeichnetes Ich, dem Hilary ihre Stimme lieh, entwirrte deren verworrene Überlegungen. Die Trickfigur sprach direkt zum Publikum und erweckte Lizzies innerste Gedanken auf oft witzige Weise zum Leben. Hilarys Serieneltern wurden von Robert Carradine (Bruder von Keith Carradine) und Hallie Tood *(Immer wenn sie Krimis schrieb)* gespielt. Die Serie wurde bald von allen Seiten für ihr Konzept, ihren cleveren Humor und die realistische und positive Darstellung der Beziehungen zwischen Lizzie, ihren Freunden und ihrer Familie gelobt.

Lizzie McGuire war aber keineswegs eine großartige Fernsehproduktion. Entgegen Rogows Forderungen wurde die Serie mit geringen Herstellungskosten produziert. Wenn man bedenkt, welch guten Ruf Disney für seine Trickfilme hat, sieht Lizzies animiertes Ich ziemlich lieblos und laienhaft gezeichnet aus. Es wurde versucht, die Mängel mit einem kunterbunten Set und verrückten Soundeffekten wettzumachen. Trotz allem waren der grenzenlose Optimismus, den die Serie versprühte, und die fantasievolle Darstellung des Alltags eines Teenagers irgendwie liebenswert. Und der Erfolg gab den Machern recht. Mit 2,3 Millionen Zuschauern gehörte *Lizzie McGuire* zu den Kabelsendungen für Kids mit den höchsten Einschaltquoten.

Ein Zeichen für die Popularität der Serie waren ihre vielen Gaststars. Besonders hervorzuheben sind die Auftritte des Aerosmith-Sängers Steven Tyler, dessen Kinder große Fans von *Lizzie McGuire* waren, des Hauptdarstellers aus

Malcolm mittendrin Frankie Muniz und des Sängers Aaron Carter (der jüngere Bruder von Nick von den Backstreet Boys). Aber die meiste Aufmerksamkeit erhielt Hilary, der junge Star aus *Lizzie McGuire*. In kurzer Zeit entstanden Hunderte von Fanseiten. Hilary wurde für Millionen Fans, die jede noch so kleine Information über ihren Star aufsogen, zum Idol. Ihr Gesicht zierte unzählige Cover von Teeniemagazinen. Der Erfolg von *Lizzie McGuire* veränderte Hilarys Alltag stark. Früher lebte sie in völliger Anonymität, und jetzt wurde selbst ein Ausflug zum Einkaufszentrum zu einem Abenteuer. Ihre Fans waren einfach überall und riefen »Lizzie! Lizzie!« oder »Hilary! Hilary!« hinter ihr her. Sie drängten sich an sie heran, sobald sie sie entdeckten, und baten um Fotos oder Autogramme.

In einem Interview mit Taylor Hanson von der Band Hanson stellte Hilary fest, dass sie nicht einmal mehr einkaufen gehen könne: »Das ist so seltsam. Man kann sich nicht darauf vorbereiten, plötzlich erkannt zu werden. Es trifft dich einfach aus heiterem Himmel.«

Hilarys Mutter spielte die Bekanntheit ihrer Tochter gern herunter. »Haylie und ich ärgern sie gern und sagen: ›Hey, Hil, wir gehen uns etwas zu essen holen. Sollen wir dir etwas mitbringen?‹«, erzählte sie der *Entertainment Weekly*.

Auch Kinobesuche wurden zum Problem. In einem Interview mit romanticmovies.com sagte sie: »Eigentlich kann ich nicht ins Kino gehen. Ich habe wirklich alles versucht. Meine Haare verraten mich. Ich verstecke sie unter einem Basecap und ziehe es mir tief ins Gesicht … Eine Sonnenbrille trage ich nicht, denn wenn man sieht, dass jemand mit einer Sonnenbrille reinkommt, schaut man doch erst recht hin und fragt sich: Wer versteckt sich denn dahinter?«

Hilary Duff in »Popstar auf Umwegen«.

Aber auch als Hilarys Leben sich verändert hatte und sie nicht mehr der »durchschnittliche Teenager« war, den sie in *Lizzie McGuire* darstellte, schien sie ihre Erziehung und die Werte, die sie von ihren Eltern vermittelt bekommen hatte, nicht zu vergessen.

Susan Duff erinnerte sich in einem Artikel der *Entertainment Weekly* daran, wie Hilary in einem Restaurant von einem kleinen Mädchen angesprochen wurde. Das Mädchen sagte zu ihr: »Ich sehe mir gern deine Serie an, ich finde sie toll. Ich weiß alles über dich.« Dann sah der kleine Fan Hilarys Freundin und meinte: »Du bist Taylor, ihre beste Freundin.« Schließlich schaute sie Susan an und sagte: »Und du bist Susan.« Diese war beeindruckt und fragte das Mädchen, welchen Namen Hilary ihrem Hund gegeben habe. Das kleine Mädchen antwortete lächelnd: »Little Dog.« Sie wusste einfach alles. Manch einer hätte sich über die enzyklopädischen Kenntnisse des Mädchens vielleicht gewundert, aber Susan und Hilary fanden es »liebenswert«. Hilarys Zugänglichkeit hat aber auch Schattenseiten. Einmal besuchten Hilary, Haylie und ein paar Freunde ein Fastfoodrestaurant. »Vier Mädchen sind mir auf die Toilette gefolgt und pressten ihre Ohren an meine Kabine«, beschrieb Hilary, was dort passierte, und musste lauthals darüber lachen. »Igitt! Meine Schwester kam hinterher, weil sie gehört hatte, wie sie sagten: ›Oh, mein Gott! Das ist Lizzie McGuire!‹ Ich wusste gar nicht, was los war. Ich dachte nur: Ach kommt schon, wollt ihr mir wirklich beim Pinkeln zuhören?«

Hilary ließ sich durch nichts aus der Ruhe bringen und ging ganz charmant mit ihren Fans um. Alle waren sich einig, dass der Erfolg von *Lizzie McGuire* sie nicht zum Negativen verändert hatte. Noch immer war sie ein ganz normales Mädchen, das sich gern *Sex and the City* und *Nip/Tuck* im Fernsehen ansah. Hilary gehört nicht zu den Stars, die einerseits den Medienrummel verdammen, aber andererseits die Aufmerksamkeit der Presse suchen, wenn es zu ihrem Vorteil ist.

Rogow sieht den Grund für Hilarys Bodenständigkeit vor allem in ihrer Familie. »Ich denke, es gibt böse Fettnäpfchen für Kinderstars«, sagte Rogow der *Entertainment Weekly*. »Es ist außerordentlich schwer, nicht in sie hineinzutappen.« In Hollywood gab es schon viele Kinderstars, denen eine glänzende Zukunft vorausgesagt worden war, die dann aber durch Skandale und Tragödien von der Bildfläche verschwanden. Man denke nur an Corey Haim, Corey Feldman oder Macaulay Culkin. Einen Kinderstar zu erziehen ist »ein Ganztagsjob«, fuhr Rogow fort. »Ich habe dafür keine Zeit, aber die Duffs haben es irgendwie geschafft.«

Dass Hilary nicht abhob, erklärte sich Susan unter anderem damit, dass sie immer noch Aufgaben im Haushalt übernehmen musste. Außerdem hatten die Eltern ihr in Aussicht gestellt, dass sie beim kleinsten Anzeichen divenhaften Benehmens »sofort wieder nach Hause fahren würden«. Hilary hat in Interviews tatsächlich häufig über den Zapfenstreich geredet und berichtet, dass sie immer noch hin und wieder Hausarrest bekommt, obwohl sie zu den angesagtesten Teeniestars zählt. »Meine Mom lässt mir viel Freiraum«, sagte Hilary in einem Interview mit *news.inq7.net*. »Ich glaube, das macht ihr Angst. Ich nehme keine Bodyguards mit, weil ich das nicht will. Ich möchte frei sein. Sie muss großes Vertrauen in mich haben, um das zuzulassen, obwohl es sie ängstigt.«

»Mein Leben hat sich wahnsinnig verändert«, erzählte Hilary in einem Interview mit *Texas Monthly*. »Wenn ich stolpere oder kleckere, habe ich immer

Angst, dass es alle gesehen haben könnten. Man hat viele Privilegien, aber auch eine große Verantwortung, wenn man im Fernsehen auftritt. Ich habe großartige Leute wie Nelson Mandela und Steven Tyler kennengelernt, aber trotzdem führe ich ein ganz normales Leben. Ich übernehme Aufgaben im Haushalt und gehe wie alle meine Freunde zur Schule.«

Hilary ist erfrischend ehrlich, handelt intuitiv und benimmt sich entsprechend ihrem Alter, womit sie eine Ausnahme darstellt. Das trägt wahrscheinlich viel zu ihrer Popularität bei. Es scheint, als wäre Hilary auch ohne Ruhm und Erfolg die geworden, die sie heute ist. Obwohl die Menschen ihre Stars und Idole gern auf ein Podest heben, zeigt ihre Vorliebe für Klatsch und Tratsch, dass sie Promis doch auch als normale Menschen sehen wollen, die genauso verletzlich und schwach sind wie jeder andere. Genau das macht Hilarys Anziehungskraft aus. Dass sie eine ehrgeizige und erfolgreiche Schauspielerin und Sängerin ist, wirkt irgendwie zufällig, wodurch sie ihren Bewunderern extrem zugänglich und offen erscheint.

In einer Zeit, in der viele Stars über die Tücken des Ruhms klagen und sich über den Klatsch in den Medien beschweren, bleibt Hilary mit Bedacht dankbar für die Aufmerksamkeit. Scharen von ausgeflippten Fans und die Allgegenwart der Presse stellen zwar einen Eingriff in die Privatsphäre dar, aber ohne das wäre man kein Star. Letztendlich findet Hilary immer noch Inspiration in ihrer Arbeit. Es ist die Schauspielerei und nicht der Ruhm, die sie beflügelt.

»Es gibt Zeiten, in denen man total gestresst ist. Man hatte vielleicht zwei Jahre lang keinen Tag frei und denkt: Warum mache ich das? Ich könnte doch auch ein ganz normales Leben führen!«, sagte Hilary zu Taylor Hanson. »Aber dann hat man drei Tage frei und denkt: Oh, mein Gott, ich muss unbedingt wieder arbeiten! Es ist fast wie eine Sucht. Ich liebe es aufzutreten.« Diese Liebe war auch den Kritikern nicht verborgen geblieben, und da *Lizzie McGuire* einen so großen Erfolg hatte, wurde Hilary 2002 mit Preisen und Nominierungen überhäuft.

So gewann *Lizzie McGuire* den Kids' Choice Award in der Kategorie Lieblingsfernsehserie, und Hilary war außerdem als beliebteste Fernsehschauspielerin nominiert. In jenem Jahr war sie auch zweimal für einen Young Artist Award nominiert – als beste Hauptdarstellerin in einer Comedyserie und zusammen mit anderen für die beste Besetzung einer Serie. Leider erhielt sie keinen der beiden Preise, aber allein die Nominierung war eine Ehre. Durch *Lizzie McGuire* wurde Hilary zu einem echten Teeniestar.

Da man bei Disney Hilarys Popularität ausnutzen wollte, brachte man sie mit Christy Carlson Romano *(Eben ein Stevens)*, ebenfalls ein aufstrebender Disneystar, zusammen, um mit den beiden den Fernsehfilm *Soldat Kelly* zu drehen. Im Grunde war dieser Film eine modernisierte Version der Goldie-Hawn-Komödie *Schütze Benjamin* aus dem Jahre 1980. In Vorbereitung auf diese Rolle musste Hilary ein zweiwöchiges Exerziertraining in Texas absolvieren, bevor sie für die Dreharbeiten nach Toronto flog. Sie war von dem Training begeistert:

Aaron Carter als Gaststar in der Serie »Lizzie McGuire«.

»Das ist echt cool, weil sie mich dafür nach Texas schicken. Also kann ich in Houston meine Familie besuchen.«

Hilary war als die 14-jährige Kelly Collins gecastet worden, deren privilegiertes Leben in Manhattan aus den Fugen gerät, als ihre Mutter beschließt, den Rat ihres neuen Ehemanns zu befolgen. Der General im Ruhestand hatte vorgeschlagen, Kelly auf eine Militärschule zu schicken. Kelly hat nichts dagegen, sie will ihren Stiefvater beeindrucken. Ihre unbekümmerte Art, die die Aufmerksamkeit und Wut ihrer Gruppenführerin Cadet Captain Jennifer Stone (Christy Carlson Romano) auf sich zieht, bringt Kelly jedoch nur Ärger ein. Obwohl sie sich große Mühe gibt, kann sie sich auf der Militärschule nicht einleben. Selbst als sie sich in einen Jungen namens Brad (Shawn Ashmore aus den *X-Men*-Filmen) verliebt, denkt sie immer noch daran zu desertieren. Am Ende bekommt sie aber alles auf die Reihe. Dank ihr belegt die Schule beim Exerzierwettbewerb den zweiten Platz.

Soldat Kelly wurde in den USA am 8. März 2002 auf dem Disney Channel zum ersten Mal ausgestrahlt. Das Publikum setzte sich aus Fans zusammen, die Hilary und Christy auch gern mal in anderen Projekten als in *Lizzie McGuire* und *Eben ein Stevens* sehen wollten. Deshalb überrascht es auch nicht, dass *Soldat Kelly* zum Film mit den bis dahin höchsten Einschaltquoten des Disney Channels wurde. In Deutschland erschien er am 18. August 2005 auf DVD.

Da die Produktion von *Lizzie McGuire* bald die 65. Folge erreichen würde und Disney seine Serien normalerweise nach 65 Folgen einstellte, gab es Überlegungen, ob man Lizzie nicht in die Highschool folgen könnte oder ob Nebenfiguren in Spin-offs der Serie untergebracht werden könnten.

> *Hilary freute sich darauf, endlich 16 zu werden. "Ich habe das Gefühl, dass mein Leben an mir vorbeigeht, solange ich keinen Führerschein habe, ich muss Auto fahren."*

Die Verkäufe von Disney-Fanartikeln aus Trickfilmen gingen genauso zurück wie die Einnahmen an der Kinokasse, weshalb man beschloss, eine Reihe von *Lizzie McGuire*-Produkten zu veräußern. Es gab Romanfassungen, Mangas, Puppen und CDs mit Songs aus der Serie (von denen Hilary viele selbst gesungen hatte). Sogar ein Brettspiel mit dem Namen *What Would Lizzie Do?* und *Lizzie McGuire*-Möbel konnte man kaufen. Nach dem durchschlagenden Erfolg von *Soldat Kelly* erschien es logisch, Hilarys Serienfigur auch auf die große Leinwand zu bringen. Ende 2002 sah daher ihre Karriere äußerst vielversprechend aus.

Die Zeitschrift *Teen People* setzte Hilary auf die Liste der »12, auf die man 2003 ein Auge haben sollte«. *Lizzie McGuire* fesselte das Publikum nach wie vor, und der Film *Soldat Kelly* hatte gezeigt, dass Hilary mehr kann, als Lizzie darzustellen. Und das war gut, denn nur mit einer Figur assoziiert zu werden ist Gift für die Karriere. Hilarys Hitsingle *I Can't Wait* aus dem Soundtrack zu *Lizzie McGuire* stürzte Avril Lavignes *Complicated* vom Thron der Charts auf Radio Disney. Natürlich gab es auch Leute, die Hilarys Erfolg kleinmachen wollten. Hilary spürte zum ersten Mal ein wenig Gegenwind.

Abgesehen von Radio Disney spielte nur eine einzige Mainstream-Radiostation – aus Albuquerque – die Single. Daraufhin spottete zum Beispiel die *Los Angeles Times*, dass der Erfolg der Single wohl eher etwas mit der Unternehmenspolitik von Disney zu tun hätte als mit der musikalischen Qualität. Hilary reagierte der Journalistin Lynda Lin gegenüber sauer auf diese Attacke: »Es ist komisch, dass sie an einem Kind herumnörgeln, weil es vom Disney Channel ist.« Sie erklärte, ihr Song sei deswegen so erfolgreich, weil die Fans ihn hören wollten und telefonisch oder im Internet dafür abstimmten. Trotz dieser kleinen Auseinandersetzung erreichte der *Lizzie McGuire*-Soundtrack – inklusive Hilarys Single – im Dezember 2002 Goldstatus.

Als das neue Jahr sich näherte, war Hilary bereit, auf die Kinoleinwand zurückzukehren. Dieses Mal gab sie sich aber nicht mit einer Statistenrolle zufrieden, die nicht einmal im Abspann genannt wird. Sie würde der Star sein, die Hauptdarstellerin in zwei Kinofilmen – *Agent Cody Banks*, ein Spionagethriller für Teenies mit Frankie Muniz, und *Popstar auf Umwegen*, eine Komödie über Lizzie McGuires Abenteuer in Rom.

Obwohl im Frühjahr 2003 zwei Filme mit ihr in die Kinos kommen würden und ihr Debütalbum im Herbst veröffentlicht werden sollte, schien Hilary sich am meisten darauf zu freuen, endlich 16 zu werden. »Ich habe das Gefühl, dass mein Leben an mir vorbeigeht, solange ich keinen Führerschein habe«, sagte sie zu Richard Huff von den *New York Daily News*. »Ich muss Auto fahren.«

Kapitel 3

Mach's gut, Disney! Mach's gut, Lizzie!

"Die Leute reden viel öfter schlecht über andere Menschen, als dass sie gut über jemanden reden, denn viele mögen Dramen."

— Hilary Duff

Frankie Muniz kam genau wie Hilary schon sehr früh mit der Schauspielerei in Berührung. 1985 in North Carolina geboren, spielte er mit acht Jahren seine erste Rolle in einer kleinen Produktion von *A Christmas Carol*. Wie auch in den kommenden zwei Jahren übernahm er die Rolle des Tiny Tim. 1997 folgte Frankies Fernsehdebüt in dem Film *To Dance With Olivia*. Danach hatte er Auftritte in *Explosion des Schweigens* (1997) und *Get the Dog – Verrückt nach Liebe* (1999), bevor er für die Titelrolle in *Malcolm mittendrin* gecastet wurde. In dieser Sitcom geht es um einen außerordentlich intelligenten Jungen, der nichts lieber will, als mit seiner absolut nicht normalen Familie ein normales Leben zu führen. Wie in *Lizzie McGuire* gibt es auch in *Malcolm mittendrin* eine Figur – nämlich Malcolm –, die das Publikum direkt anspricht.

Am 9. Januar 2000 lief *Malcolm mittendrin* zum ersten Mal im amerikanischen Fernsehen, hatte hervorragende Einschaltquoten und bekam viel Lob von den Kritikern. Der junge Hauptdarsteller wurde damit praktisch über Nacht zum Star. Muniz erhielt 2000 und 2001 sogar Nominierungen für einen Golden Globe.

2002 hatte Frankie Muniz einen Gastauftritt in *Lizzie McGuire*. In der Folge *Lizzie mittendrin* spielte er sich selbst. Er taucht an Lizzies Schule auf, um seinen ehemaligen Lehrer zu besuchen. Als er Lizzie kennenlernt, bittet er sie um ein Date, aber sie findet schnell heraus, dass es kein Zuckerschlecken ist, mit einem Prominenten auszugehen – sie wird von unzähligen Paparazzi belagert. Die beiden Kinderstars verstanden sich auf Anhieb ganz wunderbar und waren sogar für kurze Zeit ein Paar. »Wir waren vor langer Zeit mal zusammen. Aber jetzt sind wir Freunde, es ist also okay«, sagte Hilary in einem Interview mit Taylor Hanson.

Am Set von *Agent Cody Banks* in Vancouver trafen sich die beiden wieder. Muniz spielte in dem Film einen scheinbar normalen Teenager – er hasst die Schule, hat kein Glück bei den Mädchen und sein Skateboard ist sein Leben –, der aber alles andere als normal ist. Er ist nämlich ein James Bond in spe, ein Junioragent der CIA. Seine Aufgabe ist es, sich dem beliebtesten Mädchen der Schule zu nähern – Natalie, gespielt von Hilary Duff. Natalies Vater scheint darauf versessen zu sein, die Weltherrschaft mithilfe von Nanorobotern an sich zu reißen, die sich durch alle Materialien durchfressen können. Es gibt aber ein Problem, weil Cody trotz seiner Kampfkünste und seiner Agentenausbildung immer noch ein Teenager ist, für den es fast nichts Schwierigeres gibt, als ein Mädchen anzusprechen und sich ihr zu nähern.

Hier kommt Ronica Miles ins Spiel – Codys Beraterin, die ihn in der Kunst der Konversation unterrichten soll. Ronica wurde von der hübschen Angie Harmon *(Law & Order)* gespielt. Nachdem Cody sich schließlich erfolgreich mit Natalie angefreundet hat, müssen die beiden die Welt vor Terroristen retten, die von Ian McShane *(Deadwood)* und Arnold Vosloo *(Die Mumie)* gespielt wurden. Bereits 2001 hatte es einen erfolgreichen und viel gelobten Film über Kinderagenten gegeben. Der Besetzung von *Agent Cody Banks* war daher klar, dass Vergleiche mit *Spy Kids* von Robert Rodriguez unausweichlich waren.

»Unser Film ist anders als *Spy Kids*, für mich ist er etwas realistischer«, sagte Muniz auf *about.com*. »In *Spy Kids* kommt ein Drachen aus einem Loch, und es gibt viele computeranimierte Special Effects … Unsere Stunts und Kämpfe waren dagegen echt. Ich denke, darum wirkt es intensiver.« Hilary stimmte ihm zu und ergänzte: »In *Spy Kids* geht es um Kinder und bei uns eher um Teenager. Außerdem gibt es bei uns eine Figur, die um die dreißig ist, also sprechen wir ein größeres Publikum an.« Der Film wurde in den USA am 14. März 2003 und in Deutschland am 28. August 2003 veröffentlicht.

Wie voraussehbar blieb ein Vergleich mit *Spy Kids* auch in den Kritiken nicht aus. Oft wurde betont, dass die eigentliche Idee ja aus *Spy Kids* stamme und dort besser umgesetzt worden sei. Aber nicht bei allen Kritikern zog *Agent Cody Banks* den Kürzeren. Im *Northwest Herald* stand zum Beispiel: »*Agent Cody Banks* ist angenehme Unterhaltung, besser als der erste *Spy Kids*-Film, nicht so gut wie der zweite.« In den *Los Angeles Daily News* wurde der Film als »liebenswerte Mischung aus James-Bond-Abenteuern in der Light-Version und einer unschuldigen Teenagerromanze« beschrieben. Mike LaSalle vom *San Francisco Chronicle* fasste den allgemeinen Tenor in einem Satz zusammen: »Ein unterhaltsamer Film für Kids und junge Teenager.«

Frankie Muniz und Hilary Duff waren für kurze Zeit ein Paar.

Da Frankie und Hilary in dem Film wie zwei ganz normale Teenager agieren, konnten sich die Kids gut mit ihnen identifizieren. Dank ihrer Freundschaft stimmte die Chemie zwischen den beiden Jungschauspielern auf der Leinwand. *Agent Cody Banks* ist keine Kopie von *Spy Kids*, sondern ein eigenständiger Film voller Witz und Charme – ein echter »Teenager-James-Bond«.

Agent Cody Banks war für ein Publikum gedreht worden, das sich nicht darum schert, was die Kritiker über den Film sagen. Die Kids strömten ins Kino, der Film spielte über 47 Millionen Dollar ein, womit das Budget von 26 Millionen Dollar locker wieder hereingeholt wurde. Mit dem Erfolg des Films, für den Hilary angeblich eine Gage von einer halben Million Dollar bekommen haben soll, konnte die Schauspielerin einen weiteren Triumph feiern. MGM plante eine Fortsetzung, aber Hilary wusste, wie Agentenfilme funktionieren, und erwartete deshalb nicht, dass ihre Rolle wieder dabei sein würde. »Die Frau kommt doch nie ein zweites Mal vor«, sagte sie zu Lydia Lin. Aber das war kein Unglück, denn schon bald würde sie mit *Popstar auf Umwegen* – dem *Lizzie McGuire*-Film – ins Kino kommen.

Nach dem großen Erfolg von *Soldat Kelly* bereitete man bei Disney die Filmadaption von *Lizzie McGuire*, der beliebtesten Serie des Senders, vor. In *Popstar auf Umwegen* gehen Lizzie, die jetzt in der Highschool ist, und ihre Freunde auf Klassenfahrt nach Rom. Lizzie hat große Ähnlichkeit mit Isabella – der einen Hälfte eines ehemaligen italienischen Popduos –, was zu Abenteuern und einer Romanze führt. Sie wird von Paolo, Isabellas flottem Exfreund und früherem Gesangspartner, überredet, Isabella zu spielen. Der Plan erscheint ganz einfach. Lizzie soll bei einer großen Preisverleihung einfach nur auf der Bühne stehen und Play-back singen. Weil sie sich in Paolo verknallt hat, ist sie sofort einverstanden. Fast über Nacht wird aus dem unbeholfenen Teenager ein bezaubernder Star. Lizzies bestem Freund Gordo gefällt das aber ganz und gar nicht, denn er spürt, wie seine Gefühle für sie wieder aufleben.

Als Lizzies Eltern von der neuen Karriere ihrer Tochter erfahren, fliegt die Familie nach Rom, um sie zurückzugewinnen. Wird Lizzie ihr Zuhause, ihre Familie und ihre Freunde im Stich lassen, um das Leben eines Popstars zu führen, der sie ja eigentlich gar nicht ist? Der Film war für Hilary ein Sprungbrett als Schauspielerin und als Sängerin. Sie singt einige Lieder, und als sie ohne Paolo bei der Preisverleihung auftritt, wird das zum Höhepunkt des Films. Hilary *IST* Lizzie McGuire. Für ihre Darstellung erhielt sie zum ersten Mal eine siebenstellige Gage. Ganz klar wollte sie aber mehr sein als Lizzie. *Popstar auf Umwegen* war daher die ideale Gelegenheit, ihre vielseitigen Talente zur Schau zu stellen.

Erfolg bringt allerdings auch immer Neider mit sich, das bekam auch Hilary nach *Popstar auf Umwegen* zu spüren. Es wurde behauptet, sie habe eine Brustvergrößerung vornehmen lassen, weil sie auf den Filmplakaten angeblich einen größeren Busen hatte als zuvor. Offenbar werden alle jungen, aufstrebenden Hollywoodschauspielerinnen und Sängerinnen einmal Opfer dieses Gerüchtes. Auch Britney Spears und Lindsay Lohan wurden jahrelang von solchen Behauptungen verfolgt. Hilary dementierte diese Berichte mit einem Lachen auf *WENN.com*: »Ich finde das wirklich richtig bizarr. Ich habe keine Brust-OP hinter mir. Vielleicht lag es am Blickwinkel der Kamera.«

Aber diese kleine Auseinandersetzung konnte dem Erfolg von *Popstar auf Umwegen* nichts anhaben, sie sprach eher für Hilarys wachsende Popularität, denn Schönheitsoperationen scheinen nur ein Thema bei Berühmtheiten zu sein.

Popstar auf Umwegen feierte am 2. Mai 2003 Premiere in den amerikanischen Kinos, aber die Konkurrenz war stark. Am gleichen Tag kam der sehnlich erwartete Film *X-Men 2* in die Kinos, die Fortsetzung zu dem hochgelobten *X-Men* aus dem Jahre 2000. Während sich viele erwachsene Kinogänger, vor allem junge Männer, an jenem Wochenende *X-Men 2* ansahen, strömten zahlreiche Kids, die von Hollywood lange ignoriert worden waren, für *Popstar auf Umwegen* in die Kinosäle. Der Familienfilm war die perfekte Alternative für diejenigen, die sich entweder nicht für Blockbuster interessierten oder genug davon hatten. In Deutschland kam *Popstar auf Umwegen* am 6. November 2003 ins Kino.

Viele Kritiker verwiesen darauf, dass es kein Film für Erwachsene sei, Kids ihn aber lieben würden. So zum Beispiel Audrey Rock-Richardsen: »Ich will ehrlich zu Ihnen sein: Sie werden diesen Film nicht mögen. Er ist nicht für Sie gemacht, sondern für kleine Mädchen. Und als kleines Mädchen hätte ich ihn geliebt.« Der *Houston Chronicle* hielt fest, dass der Film einfach Spaß mache und Hilarys Fans erfreuen wird. Lizzie verkörpert die Hoffnungen und Träume ihrer jungen Bewunderer, wodurch ihr Erfolg zum Triumph der Zuschauer wird.

Frankie Muniz und Hilary Duff in dem Film »Agent Cody Banks«.

Sue Pierman verglich den Film sogar mit Kuchen: »*Popstar auf Umwegen* ist wie die Brownies, die dir Mom immer gebacken hat: süß, einfach, vertraut und letzten Endes zufriedenstellend.« Dave Kehr von der *New York Times*, der von *Agent Cody Banks* alles andere als begeistert war, fand Hilarys Darstellung »ziemlich ansprechend«, und *Popstar auf Umwegen* bezeichnete er als »unterhaltsame und effektive Erweiterung der Serie zu einem Kinofilm«.

Bereits am Veröffentlichungswochenende spielte *Popstar auf Umwegen* seine gesamten Produktionskosten von 17 Millionen Dollar ein — insgesamt waren es fast 17,4 Millionen Dollar. Nur *X-Men 2* hatte mehr Zuschauer. Innerhalb von vier Wochen stiegen die Einnahmen von Hilarys Film auf fast 40 Millionen Dollar, und am Ende seiner Laufzeit hatte *Popstar auf Umwegen* 43 Millionen Dollar eingespielt, mehr als das Doppelte von Disneys Investitionen. Die Kids und Teenager gaben ihr Taschengeld gern für den Film aus. Hilarys Fans waren von dem Streifen begeistert.

Popstar auf Umwegen war ein Hit geworden. Deshalb staunten Hilarys Fans nicht schlecht, als sie in jenem Sommer verkündete, dass sie nicht länger in die Rolle schlüpfen würde, die sie im Fernsehen und im Kino zum Star gemacht hatte. 2003 begannen die Vertragsverhandlungen zwischen Disney und Hilary Duff. Bei Disney hoffte man inständig, dass weitere Staffeln von *Lizzie McGuire* gedreht würden und Hilary für eine Fortsetzung von *Popstar auf Umwegen* zur Verfügung stünde. Die Verhandlungen verliefen zäh, im Juni kamen sie schließlich ins Stocken, als Manager vom Disney-Konzern Hilarys Gagenforderungen für überzogen hielten. Konkrete Zahlen wurden nicht genannt, aber laut dem *Wall Street Journal* forderten Hilarys Vertreter (zu denen auch ihre Mutter gehörte) ein Vielfaches der 15.000 Dollar, die die Schauspielerin in den ersten beiden Staffeln von *Lizzie McGuire* für jede Folge erhalten hatte. Unbestätigten Berichten zufolge forderten die Duffs 100.000 Dollar pro

Folge, während Disney lediglich 35.000 Dollar bot. Für die Fortsetzung von *Popstar auf Umwegen* hatten Hilarys Vertreter wohl vier Millionen Dollar verlangt, plus ein Antrittsgeld von 500.000 Dollar – das entsprach ungefähr der Gage, die Frankie Muniz für die Fortsetzung von *Agent Cody Banks* erhalten hatte. Außerdem tauchten Gerüchte auf, nach denen mindestens zwei Konkurrenzsender Hilary eine sechsstellige Gage pro Folge geboten hatten, wenn sie in einer ihrer Serien mitspielen würde.

»Die Manager von Disney sagten uns, dass wir ein Angebot erhalten und damit sehr zufrieden sein würden«, erklärte Hilarys Anwalt Michael R. Fuller der *Entertainment Weekly*. »Danach haben wir monatelang nichts von ihnen gehört, bis diese enttäuschende Offerte kam.« Eine Woche nach dem Abbruch der Verhandlungen drängte Disneymanager Michael Eisner den Präsidenten Bob Iger, einen letzten Versuch zu starten, um doch noch zu einem Deal zu kommen. Er hatte aber keinen Erfolg. Trotz aller Bemühungen schaffte es Disney nicht, Hilary wieder zu *Lizzie McGuire* zu locken. Es kam zu einem bitteren Wortgefecht. Disney versuchte, die öffentliche Meinung zu beeinflussen und den Aktionären den Verlust zu erklären, indem man hier und da etwas an die Presse durchsickern ließ. Die Kolumnistin Marilyn Beck zitierte die Äußerung anonymer Insider, der Umgang mit Susan sei »schwierig« und Hilary stünde jetzt das Wort »Ä-R-G-E-R auf der Stirn geschrieben«.

Susan war verständlicherweise wütend. »Disney verbreitete all diese Dinge und benutzte anonyme Quellen«, erzählte sie der *Entertainment Weekly*. »Und weil wir nichts dazu sagten, entstand der Eindruck, es sei wahr. Ich dachte, die Dinge würden ihren Lauf nehmen, aber die machten einfach weiter … In meinen kühnsten Träumen hätte ich mir nicht vorstellen können, dass Erwachsene ein 15-jähriges Kind in den Zeitungen so runtermachen würden.«

Schließlich berichtete Hilarys Mutter der *Entertainment Weekly*, Hilary habe das Unternehmen verlassen, weil sie »keine Liebe mehr spürte« und Disney »Hilary nicht mit dem Respekt behandelte, den sie verdiente«.

Wenn man den Gerüchten Glauben schenken darf, war Hilary auch nicht ausreichend entlohnt worden. Schließlich war sie diejenige, die den Disney Channel fast im Alleingang vor der Bedeutungslosigkeit gerettet hatte. *Lizzie McGuire* und alles, was mit der Serie in Zusammenhang stand, hatte dem Unternehmen Hunderte Millionen Dollar eingebracht. Sogar in dem bahnbrechenden Cartoon *Die Simpsons* war sie erwähnt worden. Die Zeitschrift *Fortune* überschlug, dass Disney allein im Jahr 2003 ungefähr einhundert Millionen Dollar nur mit *Lizzie McGuire*-Artikeln eingenommen hatte, auf welchen häufig Hilarys Gesicht zu sehen war. In diesem Licht betrachtet, schienen Hilarys »überzogene« Gagenforderungen zumindest angemessen, wenn nicht gar hochverdient.

Die genauen Umstände von Hilarys Ausstieg aus *Lizzie McGuire* werden wahrscheinlich niemals ganz bekannt werden. Aber dass Disney Hilary unbedingt einen neuen Vertrag unterschreiben lassen wollte, zeigt, wie groß ihr Einfluss war. Einige Insider vertraten allerdings die Meinung, dass sie ihrer Karriere

mit ihrer Absage sehr schadete. So sagte zum Beispiel Robert Thorne, der Geschäftsführer von Dualstar Entertainment (dem Zuhause der Olsen-Zwillinge): »Ich hätte Hilary geraten, noch ein paar Jahre für Disney zu arbeiten, um sich zu etablieren. Das wäre für beide Seiten ein Gewinn gewesen.« Aber viele Marketingexperten lobten den Schritt und auch das Timing.

In einem Interview mit *USA Today* meinte Laura Groppe, Präsidentin der Girls Intelligence Agency, dass es keine Teenie-Idole mehr gebe, seit Britney Spears erwachsen geworden war – eine Lücke, die Hilary leicht füllen könnte. In einer nationalen Umfrage stellte sich heraus, dass Hilary bei Kids zwischen sechs und elf ganz klar der beliebteste weibliche Star war. Groppe sagte über Hilary: »Sie ist nicht zu hübsch. Nicht zu dünn. In keiner Hinsicht übertrieben. Sie ist wie eine kleine Meg Ryan.« Aber vorausschauend fügte Groppe hinzu: »Allerdings muss sie sich im Kino noch beweisen. Darauf warten alle gespannt.«

Trotz der bitteren Wendung, die die Verhandlungen zu *Lizzie McGuire* genommen hatten, verkündete Disney Music nur wenige Wochen später, dass Hilary einen lukrativen Plattenvertrag unterschrieben hätte. In diesem Bereich waren sich Disney und Hilary also einig geworden. Hilary war mittlerweile so erfolgreich, dass sie es sich leisten konnte, Disney eine Absage zu erteilen, ohne dass dies ihrer Karriere schadete. Sie hatte sich zu einem Teeniestar entwickelt, den man im Auge behalten sollte.

Ohne Zweifel waren Millionen Kids am Boden zerstört, weil es keine neuen Folgen von *Lizzie McGuire* geben würde, aber Hilary empfand nur Erleichterung bei dem Gedanken an ein Leben ohne Lizzie. »Ich habe durchgemacht, was Lizzie durchmachte«, erzählte sie *WENN*. »Ich befand mich in der Phase, in der man als Teenager nicht richtig weiß, wer man eigentlich ist. Es war gut für mich, aber ich habe mir auch den Hintern aufgerissen. Alle haben diese große Sache daraus gemacht, als ob die Trennung ganz furchtbar gewesen wäre.«

Hilary hatte nun viel zu tun, wie zum Beispiel neue Rollen zu finden, um sich von Lizzie zu emanzipieren. »Ich bin der Meinung, dass ich mir, wenn ich eine Schauspielkarriere machen möchte, Projekte suchen muss, die die jungen Zuschauer ernst nehmen, weil die wirklich wichtig sind. Und damit kann man dann auch ältere Kids ansprechen«, sagte sie dem Journalisten Ryan J. Downey. Mit diesem Anliegen im Hinterkopf entschied Hilary sich für zwei Filme: *Im Dutzend billiger* mit Steve Martin und *Cinderella Story*. Außerdem sollte am 26. August 2003 ihr Debütalbum, *Metamorphosis*, veröffentlicht werden.

> "Ich bin der Meinung, dass ich mir, wenn ich eine Schauspielkarriere machen möchte, Projekte suchen muss, die die jungen Zuschauer ernst nehmen, weil die wirklich wichtig sind. Und damit kann man dann auch ältere Kids ansprechen."

Obwohl Hilary zuerst als Schauspielerin auf sich aufmerksam gemacht hatte, interessierte sie sich bereits seit frühester Kindheit auch für Musik. Sie sang gern und oft: in der Schule, zu Hause, im Chor. *I Can't Wait*, ihr erster veröffentlichter Song, befand sich auf dem Soundtrack zu *Lizzie McGuire*. Das Album kam im August 2002 in die Plattenläden, das Lied wurde auf Radio Disney zum Hit und stellte sogar Avril Lavignes Superhit *Complicated* in den Schatten. Einen Monat später erschien die Compilation *DisneyMania*, zu der Hilary den Song *The Tiki, Tiki, Tiki Room* beisteuerte.

Hilary Duff tritt 2005 bei der »Today Show Summer Concert Series« auf.

Eigentlich hatte Hilary nie daran gedacht, Sängerin zu werden, bis sie eines Tages einen Auftritt ihrer Schwester Haylie mit deren Band Trilogy erlebte. Hilary, die ihre Schwester bewunderte, lernte bei dieser Gelegenheit Andre Recke kennen. Als er Hilary bei einem Konzert von Radio Disney in Anaheim, Kalifornien, wiedertraf, erkannte er sofort, dass sie das Zeug hatte, ein Popstar zu werden. Recke wurde Hilarys Musikmanager. Bevor sie sich dann für die Aufnahmen zu ihrem ersten Album ins Studio begab, nahm sie Gesangsunterricht.

Im Oktober 2002 wurde das Weihnachtsalbum *Santa Claus Lane* veröffentlicht, auf dem sich zum Beispiel Duette mit dem HipHopper Lil' Romeo (dem Sohn von Master P) und der Dancehall Queen Christina Milian befanden. Es wurde kein phänomenaler Erfolg, stieg aber in die Billboard-Albumcharts ein und erreichte sogar Platz drei der Kindercharts. Schließlich erzielte es Goldstatus, und der Titelsong wurde für den Soundtrack zu Tim Allens *Santa Claus 2 – Eine schöne Bescherung* übernommen.

Auch auf dem Soundtrack zu *Popstar auf Umwegen* hatte Hilary ein paar Songs gesungen, von denen *Why Not* als Single veröffentlicht wurde. Innerhalb weniger Wochen wurde der Song zu einem der meistgewählten in der MTV-Show *TRL*. In vielen Ländern stieg er in die Top 20 ein, unter anderem in Australien, Neuseeland und den Niederlanden.

> "Es gibt Sängerinnen mit legendären Stimmen, wie Barbra Streisand, Celine Dion und Whitney Houston. Andere Künstlerinnen, wie Britney Spears, haben weniger eindrucksvolle Stimmen, aber trotzdem die Fähigkeit zu kommunizieren. Sie alle besitzen Charisma. Bei Hilary zeigte sich von Anfang an, dass sie darüber im Überfluss verfügt."
>
> Jay Landers
> (Vizepräsident der Abteilung für Künstler und Repertoire bei Walt Disney Records)

Der Erfolg der Single gab der Sängerin Michelle Branch Anlass, *Why Not* als einen der schlechtesten Songs zu bezeichnen, den sie je gehört hatte. Michelle Branch war gerade selbst recht angesagt, weil sie zusammen mit dem Gitarristen Carlos Santana mit *The Game Of Love* einen Hit gelandet hatte. Dieser Zwischenfall war der erste in einer Reihe seltsamer Zwistigkeiten zwischen Hilary und anderen Jungstars, insbesondere mit Avril Lavigne und Lindsay Lohan.

Michelle Branch begann ihre Karriere als Singer-Songwriterin. Sie spielt Gitarre und schreibt einen Großteil ihrer Songs selbst. Als sie mit 17 ihr Debüt, *The Spirit Album* (2001), veröffentlichte, wurden ihre Lieder *All You Wanted*, *Everywhere* und *Goodbye To You* rauf und runter gespielt. Seither konnte sie allerdings mit Ausnahme von *The Game Of Love* nicht mehr an den Erfolg von *The Spirit Album* anknüpfen.

Als die *Entertainment Weekly* Hilary im August 2003 um eine Reaktion auf die boshafte Bemerkung von Branch bat, entgegnete diese: »Komisch. Ich habe Michelle Branch immer respektiert, und ich mag ihre Musik. Ich finde das echt gemein. Es ist hässlich, wenn man gemeine Dinge über andere sagt. Dass ihr mein Song nicht gefallen hat, ist aber okay. Man kann es ja nicht jedem recht machen.« Als Branch in Los Angeles als Gast-DJ eine Radiosendung moderierte, entschuldigte sie sich für ihren Kommentar zu Hilarys Single.

»Es gibt Sängerinnen mit legendären Stimmen, wie Barbra Streisand, Celine Dion und Whitney Houston«, sagte Jay Landers, Vizepräsident der Abteilung für Künstler und Repertoire bei Walt Disney Records, den *New York Daily News*. »Andere Künstlerinnen, wie Britney Spears, haben weniger eindrucksvolle Stimmen, aber trotzdem die Fähigkeit zu kommunizieren. Sie alle besitzen Charisma. Bei Hilary zeigte sich von Anfang an, dass sie darüber im Überfluss verfügt.«

Für die Aufnahmen zu Hilarys erstem richtigen Soloalbum versammelte Andre Recke viele gefeierte Produzenten und Songwriter im Studio. Zum Team gehörten The Matrix (Avril Lavigne, Christina Aguilera und Liz Phair), Charlie Midnight (Joe Cocker, James Brown und Joni Mitchell), Chico Bennett (Madonna, Usher und Destiny's Child), Matthew Gerrard (Nick Carter), John Shanks (Michelle Branch), Kara DioGuardi (Celine Dion, Enrique Iglesias) sowie Singer-Songwriterin und Produzentin Meredith Brooks. Auch Hilarys Schwester Haylie mischte mit, sie schrieb die Lieder *Sweet Sixteen* und *Inner Strength*. Hilary legte keinen Wert auf die Kontrolle über das Songwriting, weil sie viel zu beschäftigt war, aber sie arbeitete sehr eng mit ihrem Team zusammen.

In einem Interview für hilaryduff.com war Hilary voll des Lobes: »Ich kann gar nicht sagen, wie toll es war, mit ihnen allen zusammenzuarbeiten. Sie sind die besten Songwriter, Produzenten und Musiker überhaupt. Und sie waren total offen für meine Ideen. Für mich war es wichtig, dass jeder Song, den wir aufgenommen haben, mir persönlich etwas bedeutete … Der ganze Prozess hat unheimlich Spaß gemacht. Es war unglaublich aufregend. Ich finde es großartig, dass das gesamte Album von mir und meinem Leben handelt.«

13 Songs – von Balladen über schnelle, rockige Lieder bis zu Electropop – waren auf *Metamorphosis*, wie das Album genannt wurde, zu finden. Erzählt wird die Geschichte von Hilarys Verwandlung von jedermanns Lieblingsteenager in eine Person, von der man noch nicht wusste, wer sie war. Auf *MTV.com* erklärte Hilary: »Das ist mir an meiner Musik wichtig. Es geht nicht wirklich darum, dass *ich* mich verändert habe, sondern dass die Leute nicht wissen, wer ich bin, also ist es eine Veränderung für alle anderen. Ich denke, viele Menschen

kennen mich als Lizzie McGuire, und in meiner Musik geht es nur um mich, wie ich mich fühle, worüber ich singen möchte und um mein Leben.«

So Yesterday, geschrieben von dem Songwriterteam The Matrix, eröffnete das Album. Der Song, der als erste Singleauskopplung erschien, bekennt, dass Hilary sich nicht in eine Schublade stecken lassen will. Die starke Botschaft kam bei ihren Fans gut an.

Die Single erwies sich als Hit. Sie wurde häufig im Radio (und nicht nur auf Radio Disney) gespielt, stürmte die *TRL*-Charts auf MTV und wurde zum meistaufgerufenen Video bei AOL. Anscheinend waren alle neugierig auf die wahre Hilary Duff. So überraschte es nicht, dass *Metamorphosis* direkt nach seiner Veröffentlichung am 26. August 2003 auf Platz zwei der amerikanischen Albumcharts einstieg. Nur an *Love & Life* von Mary J. Blige kam es vorerst nicht vorbei. In der zweiten Woche kletterte das Album dann auf Platz eins, und im Dezember erhielt es dreimal Platin. In Deutschland erreichte es Platz 16 der

Charts. Hilarys Vorbild Britney Spears äußerte in einem Interview mit *Popstar!* ihre Begeisterung für *Metamorphosis* und schwärmte: »Hilary ist ein Lichtblick für die Welt, so hübsch und so unheimlich süß. Ihre Musik ist fantastisch … Sie sollte einfach sie selbst bleiben und sich nie verändern.«

Britney Spears stand mit ihrer Beurteilung nicht allein da. In Kanada erreichte *So Yesterday* Platz zwei der Charts, in Australien stieg es in die Top 40 ein, und in den USA und in Deutschland verfehlte es nur knapp die Top 40. Die zweite Single, *Come Clean*, gelangte in Kanada in die Top 10, in Australien und Neuseeland in die Top 20 und in den USA in die Top 40, während es *Little Voice*, die dritte Single, in Australien in die Top 40 schaffte.

Am 17. November ging Hilary auf eine kleine Tour, um Werbung für *Metamorphosis* zu machen. Dabei erlebte die Schauspielerin und Sängerin, was hinter so einer Tournee steckt. »Ich hatte keine Ahnung, wie viel Arbeit es macht, eine Tour durchzuführen – nicht nur für mich, sondern für alle«, erzählte sie *Pollstar*. »Jeder hat eine wichtige Aufgabe zu erfüllen. Und Gott sei Dank ist das Team, das Andre Recke zusammengestellt hat, großartig.«

Am Abend vor ihrem ersten Konzert, das in Phoenix stattfand, war Hilary bei den American Music Awards zu Gast. Als sie auftreten sollte, hätten ihre Nerven fast versagt. »Ich rief: ›Andre! Komm schon! Ich kann nicht glauben, dass du mich dazu zwingst! Ich will das nicht machen! Ich will nicht!‹ Ich hatte solche Angst. Dann bin ich auf die Bühne gegangen, und es hat mir total Spaß gemacht«, berichtete sie *Pollstar*. Nach ihrem Auftritt vor den Besten der Besten aus der Musikbranche war Hilary nun auch dafür gerüstet, ihre Fans in kleinen Hallen und intimer Atmosphäre zu unterhalten.

An einem Abend gab sie zwei ausverkaufte Konzerte im FM Kirby Center in Wilkes-Barre, Pennsylvania, in das 1800 Leute passen. Und im Dezember spielte sie im Tampa Bay Performing Arts Center in Florida vor ausverkauftem Haus. Damit aber niemand ihren Erfolg unterschätzte, sagte Hilary gegenüber *Pollstar*: »Eigentlich ist noch mehr passiert. Nach der großen Tournee bin ich noch eine Woche auf Tour gegangen, auf der wir vor 7000 bis 8000 Leuten gespielt haben.«

Das Konzert im Universal Amphitheater in Los Angeles war in der Tat so schnell ausverkauft, dass man ein zweites ansetzte. Der Erfolg der Mini-Tour machte Hilary Mut für die Sommertour 2004. »Ich werde weder einen Film drehen, noch irgendwas anderes machen«, erklärte sie. »Also wird es nur um Musik gehen, und darauf freue ich mich schon. Ich liebe Musik, und ich trete gern auf. Es ist ein großartiges Gefühl … Und diesmal werden wir in größeren Hallen auftreten.«

Hilarys Album "Metamorphosis" stieg direkt nach seiner Veröffentlichung am 26. August 2003 auf Platz zwei der amerikanischen Albumcharts ein.

Hilary Duff bei einem Liveauftritt im Rahmen der »The Today Show Toyota Concert Series« vor dem Rockefeller Plaza in New York, Juni 2007.

Hilarys Fans machten *Metamorphosis* zu einem der bestverkauften Alben von 2003. Da es erst Ende August veröffentlicht worden war, ist das wirklich beachtlich. Auch ihre Mini-Tour war ein unglaublicher Erfolg. Dennoch wurde das Album von vielen Musikfans und sogenannten Trendsettern runtergemacht und als bloße Sammlung von sorgfältig designten Songs bezeichnet — wie Autos am Fließband produziert, um Profit zu machen. Sie bezeichneten es als Schund einer untalentierten Sängerin, deren Songs nicht aus einem kreativen Prozess heraus entstanden waren, sondern aus Geldgier. Das harte Urteil lautete, *Metamorphosis* sei ein Produkt und keine Kunst.

Leute mit dieser Meinung haben allerdings überhaupt nicht verstanden, worum es hier geht. Es ist gang und gäbe, Popstars vorzuwerfen, dass sie unecht sind. Ihnen wird zur Last gelegt, keine eigene Persönlichkeit zu haben

außer der von ihren Pressesprechern akzeptierten, nur dafür zu leben, die Verkaufszahlen in die Höhe zu treiben, und — was den meisten Widerspruch verdient — ihre Songs nicht selbst zu schreiben. Anscheinend reicht es nicht aus, dass ein Sänger oder eine Sängerin ein Lied singt; er oder sie muss es auch noch selbst geschrieben haben, um wenigstens ein wenig glaubwürdig zu wirken. Schauspieler schreiben nur selten ihre eigenen Drehbücher, werden aber trotzdem für ihre Darstellung gelobt. Klassische Musiker, die Beethoven, Bach und Mozart vortragen, erhalten für ihre Interpretationen Applaus und nicht dafür, dass sie die Musik selbst komponiert haben.

Warum sollte man also bei Popstars andere Maßstäbe anlegen? Sauber produziert findet sich auf *Metamorphosis* eine Zusammenstellung von eingängigen und ansprechenden Popsongs mit Ohrwurmcharakter. Es ist, was es ist, und mehr will es auch gar nicht sein – ein Album für die Fans. Daher gibt es nicht viel an *Metamorphosis* zu kritisieren.

Die angesehene Musikzeitschrift *Rolling Stone* verkündete: »Die besten Songs von *Metamorphosis* sind so sorgfältig auf die Zielgruppe zugeschnitten, dass sie jedes Klischee übertreffen und alles überstrahlen.« Im *All Music Guide* war zu lesen, dass *Metamorphosis* so sei, »wie Teeniepop 2003 klingen sollte … Dieses Album wird nicht die Welt verändern, aber es passt in die heutige Zeit, und das heißt, es ist so gut, wie diese Art von Musik sein kann.«

Hilary war zwar mit den Kritiken nicht unzufrieden, aber auch nicht davon begeistert. »Ein paar Leute sagten: ›Oh, mein Gott, das ist echt cool. Wir dachten, es würde Teeniepop werden‹«, kommentierte sie. »Aber von anderen Leuten habe ich gehört: ›Das ist sehr schöner Pop.‹ Und da denke ich: Grrrr! Das will ich doch gar nicht. Ich will, dass es ein bisschen rockig klingt.« Dann fügte sie ganz pragmatisch hinzu: »Wenigstens sagen sie nicht, dass es total scheiße ist!«

Am Jahresende lag *Metamorphosis* auf Rang acht der bestverkauften Alben des Jahres 2003, noch vor Country-Superstar Toby Keith und Coldplay. Der Erfolg des Albums ist nicht nur auf die Musik zurückzuführen, sondern er hat auch viel mit Hilary selbst zu tun. Wie sie bereits mit *Lizzie McGuire* gezeigt hatte, wollte sie nichts anderes sein als der Teenager, der sie war. Die Songs auf *Metamorphosis* erzählen von einer unschuldigen Pubertät und den normalen Freuden der Jugend – und das in einer Zeit, in der es alle Teenager anscheinend supereilig haben, erwachsen zu werden. Das Album schaffte es, frisch zu klingen. Stephen Thomas Erlewine von *All Music Guide* erklärte in seiner Besprechung: »Der Schlüssel zum Erfolg des Albums liegt darin, dass Duff sich nicht so sexy gibt, wie Britney Spears das von Anfang an getan hat.«

Hilary Duff wurde zwar als »die nächste Britney« gefeiert, aber die beiden Sängerinnen hätten nicht verschiedener sein können. Während Britneys Erfolg größtenteils ihrem provokativen Auftreten zu verdanken ist, das sie 1999 mit dem Video zu *… Baby One More Time* zum ersten Mal an den Tag legte, schlägt Hilary einen ganz anderen Weg ein. »Ich möchte erwachsen werden, und ich bin gerade dabei. Aber meiner Meinung nach kann man sein Erwachsenwerden auch auf andere Weise zur Schau tragen, als viele Leute das getan haben«, sagte sie auf contactmusic.com. »Ich denke, es ist nicht unbedingt ein Zeichen von Reife, wenn man sich auszieht.«

»Hilary ist eine bescheidene junge Frau«, erklärte ihre Mutter in einem Interview. »Sie hat es nicht nötig, sich zu entblößen. Bei ihr bekommt man das, was man sieht. Klingt das nicht fast zu schön, um wahr zu sein?«

So sehr Hilary Britney Spears auch als Sängerin bewundern mag, sie selbst vermeidet öffentliche Fehltritte – exzessive Partys, überstürzte Hochzeiten in Las Vegas, angeblicher Drogenkonsum –, die Britney zum Liebling der Klatschpresse gemacht haben. »Sie ist fantastisch. Ich liebe sie«, sagte Hilary in *Entertainment Weekly* über Britney. »Ich glaube, sie hatte eine schwere Zeit – alles, was ihr passiert, landet in den Medien. Aber ich wünsche mir schon, dass meine Alben auch so erfolgreich werden wie ihre.«

Innerhalb nur eines Jahres hatte das Mädchen mit dem braven, munteren Image sowohl die Musikwelt als auch die Film- und Fernsehbranche erobert. Als *Agent Cody Banks* veröffentlicht wurde, haben nur wenige Menschen außerhalb von Hilarys Fangemeinde Notiz von ihr genommen. Aber durch ihren doppelten Erfolg mit *Popstar auf Umwegen* und *Metamorphosis* war sie nun kaum noch zu übersehen.

Punk'd, eine Erfindung des Schauspielers Ashton Kutcher *(Die wilden Siebziger)*, hatte im Herbst 2002 Premiere und wurde dank steigender Einschaltquoten zu einer der erfolgreichsten Sendungen im Kabelfernsehen. Die Show gewann immer mehr Zuschauer, die mit Spannung verfolgten, wie ihre Lieblingspromis in Panik verfielen, während sie von Kutcher und seinem Team hereingelegt wurden. »You've been punk'd« fand Einzug in die Umgangssprache. Promis verhielten sich plötzlich immer und überall argwöhnisch, weil sie nicht sicher sein konnten, ob sie nicht vielleicht der Sendung *Punk'd* in die Falle gegangen waren. Am 26. Oktober 2003 lief die zweite Staffel von *Punk'd* an, in deren erster Folge Hilary Opfer eines gut geplanten Streichs wurde, der wohl als eine der schlimmsten Führerscheinprüfungen aller Zeiten in die Geschichte eingehen wird.

Hilary fährt Auto und freut sich zweifellos darauf, endlich ihren Führerschein zu bekommen, als ihr »Fahrlehrer« (einer von Kutchers Komplizen) auf dem L.A. Freeway Streit mit einem anderen Fahrer anfängt. Nachdem der Lehrer seinen Getränkebecher gegen das andere Auto geworfen hat, zertrümmert er einen Scheinwerfer mit einem Baseballschläger. Danach schreit er Hilary an, sie solle sich aus dem Staub machen. Der Streich erreicht seinen Höhepunkt, als der Schauspielerin, die von ihrem Fahrlehrer im Stich gelassen wurde, das Auto geklaut wird. Ihren eigenen Worten zufolge flippte Hilary völlig aus. Als sie den Fake bemerkte, war sie unglaublich erleichtert. Der Streich gegen Hilary wurde zu einem der beliebtesten Gags dieser Staffel.

Hilary vermutete, dass sie wegen eines Kommentars, den sie als Ansagerin bei den MTV Movie Awards abgab, bei *Punk'd* hereingelegt wurde. WENN erzählte sie: »Amanda Bynes und ich haben zusammen eine Ansage gemacht. Sie sagte: ›Ashton sieht heiß aus.‹ Und ich erwiderte: ›Vergiss Ashton – sieh dir Colin Farrell an.‹« Hilary und Ashton drehten gerade zusammen *Im Dutzend billiger*. Am nächsten Tag am Set kam Ashton zu Hilary und sagte: »Sieh dich besser vor!«

Ashton Kutcher mag sich darüber geärgert haben, dass Hilary ihm Colin Farrell vorzog, ihr Auftritt bei *Punk'd* war aber auch ein Zeichen für ihre wachsende Popularität. Schließlich stand sie jetzt in einer Reihe mit anderen Prominenten, die bei *Punk'd* veräppelt worden waren, wie Popstar Justin Timberlake, R'n'B-Sänger Usher, das Duo Outcast, die Schauspielerin Katie Holmes *(Batman Begins)* und die Oscargewinnerin Halle Berry *(X-Men)*.

Hilary gehörte nun ohne Frage zu den bekanntesten Teeniestars, sie hatte sich zu einer Popikone entwickelt. Vor allem ihrer Mutter und ihrem Management war sie für die Unterstützung dankbar. »Ich habe ein großartiges Team, das mir hilft, die richtigen Entscheidungen zu treffen«, sagte sie auf MTV. »Wenn ich diese Leute nicht um mich hätte, wäre ich definitiv nicht da, wo ich jetzt bin.«

"Obwohl ich vor jedem Konzert eine Stunde lang geschminkt werde, reicht das nicht aus, damit ich gut aussehe. Alles Make-up der Welt kann eine schlechte Ernährung nicht wettmachen. Ich muss mich fit halten und richtig ernähren, denn das, was ich esse, zeigt sich irgendwann an meinem Äußeren."

Kapitel 5

Hilary gibt Gas

"Manchmal ist es schwierig. Zum Beispiel wenn ich in mein Lieblingsrestaurant gehen möchte. Und auch ins Einkaufszentrum kann ich nicht mehr gehen."

Hilary Duff

Mit ihrem Album *Metamorphosis* hatte Hilary *Lizzie McGuire* endgültig hinter sich gelassen. Disney hatte zwar versucht, sie als geldgieriges Starlet an den Pranger zu stellen, das die Rolle, mit der es berühmt geworden war, nicht respektierte, es ist ihnen aber nicht gelungen, Hilarys guten Namen in den Schmutz zu ziehen. Aus vielen Angeboten von verschiedenen Sendern wählte Hilary die Folge *Change a Comin'* der unterschätzten NBC-Serie *American Dreams* aus, in der sie mit ihrer Schwester Haylie zusammen spielte.

American Dreams, das von Dick Clark produziert wurde, lief seit 2002 im Fernsehen. Die mit zwei Emmys ausgezeichnete Serie ist in den turbulenten Sechzigern angesiedelt und beschäftigt sich mit den Veränderungen dieser Zeit – mit Fragen der Politik, des Soziallebens und der Rassentrennung. Die Hauptfigur ist das Mädchen Meg Pryor (Brittany Snow), das in seiner Freizeit in der Show *American Bandstand* tanzt. Fast in jeder Folge gab es in dieser Show Gastauftritte angesagter Stars: Ashanti trat als Dionne Warwick auf, Vanessa Carlton als Dusty Springfield, Kelly Clarkson als Brenda Lee und LeAnne Rimes als Connie Francis. In der Folge, die am 23. November 2003 ausgestrahlt wurde, traten die Duff-Schwestern Hilary und Haylie als die Shangri-Las auf, die ihren Hit *The Leader Of The Pack* zum Besten gaben.

Wenige Wochen vor Hilarys Auftritt in dieser Serie hatten sie und der Sender CBS verkündet, sich auf einen sogenannten »Talent Holding Deal« geeinigt zu haben – das heißt, Hilary sollte die Hauptrolle in einer neuen Serie übernehmen, die man erst noch entwickeln wollte. CBS hatte die ältesten Zuschauer, weshalb der Sender schon seit Jahren versuchte, eine jüngere Zielgruppe anzusprechen, zum Beispiel mit der Show *Survivor* und den vielen Varianten von *CSI*. Hilary schien dank ihrer vielen jungen Fans die perfekte Wahl für die Pläne von CBS zu sein. Zusammen mit den Drehbuchautoren sollte sie eine Pilotfolge erschaffen, die der Achtzigerjahresitcom *Familienbande* ähneln würde. Für den Dreh dieser Pilotfolge hätte es zwar keine Garantie gegeben, aber dank des Vertrags hätte CBS eine deftige Geldstrafe zahlen müssen, wenn sie nicht produziert worden wäre.

Die genauen Details des Vertrags wurden nie öffentlich bekannt, was letztendlich aber auch nicht von Bedeutung war, denn Hilary schlug den Deal aus, als man ihr ein Drehbuch von Nina Wass und Gene Stein vorlegte. CBS und Hilary trennten sich, der Sender hoffte aber auf eine spätere Zusammenarbeit. Ein Sprecher sagte: »Wir haben uns darauf gefreut, mit ihr zusammenzuarbeiten. Bei diesem Projekt hat es zwar nicht funktioniert, aber wir hoffen doch, in der Zukunft mit ihr ins Geschäft zu kommen.« Hilary bereitete sich unterdessen auf ihre bevorstehende Tournee und die Veröffentlichung des Kinofilms *Im Dutzend billiger* vor.

Der Familienfilm *Im Dutzend billiger* kam in den USA am ersten Weihnachtsfeiertag 2003 ins Kino. In Deutschland konnte man ihn ab dem 25. März 2004 sehen. Steve Martin und Bonnie Hunt spielten darin ein Ehepaar mit zwölf Kindern. Die Kinder wurden unter anderen von Mädchenschwarm Tom Welling *(Smallville)*, Piper Perabo *(Coyote Ugly)* und Hilary dargestellt. Ashton Kutcher hatte einen Gastauftritt als eingebildeter Schauspieler-Freund von Perabos Figur.

In dem freien Remake des gleichnamigen Klassikers aus den Fünfzigern, in dem damals Clifton Webb mitgespielt hatte, ist Tom Baker (Steve Martin) völlig überfordert, als er sich allein um seine zwölf Kinder kümmern muss, während seine Frau Mary (Bonnie Hunt) als Schriftstellerin auf Lesereise ist. Der Zeitpunkt für diese Reise hätte nicht schlechter gewählt sein können, da die Familie gerade erst nach Chicago gezogen war, wo Tom einen Job als Footballcoach einer Collegemannschaft angenommen hatte. Eher schlecht als recht wird Tom mit seinem Job und den zahlreichen Familienverpflichtungen fertig, und seine Kinder leiden unter den Konsequenzen, besonders das Sportass Charlie (Welling), der Modefreak Lorraine (Hilary) und die älteste Tochter Nora (Perabo).

Da es am Set von jungen Schauspielern nur so wimmelte und auch Steve Martin und Bonnie Hunt sehr lustig waren, wurde es bei den Dreharbeiten nie langweilig.

Hilary erzählte *www.abc.net.au*: »In dem Film spielten zwölf Kinder mit, und es herrschte immer etwas Hektik am Set. Also wurde es nie langweilig.« Streiche waren an der Tagesordnung. Hilary erinnerte sich daran, dass ein Schauspieler namens Jacob einen kleinen Spielautomaten besaß. »Wenn man den Hebel betätigte, bekam man eine gewischt. Das hat echt wehgetan. Eines Tages ist er damit zu Steve gegangen und hat ihn dazu gebracht, den Hebel zu betätigen. Der hat ›Autsch!‹ geschrien und ist aufgesprungen! Das war ziemlich lustig.« Hilary und Tom Welling bekamen auch ein paar Sticheleien ab, da sie die Teeniestars in der Truppe waren. In einem Interview mit dem Journalisten Tom

Fischer sagte Welling: »Die kleinen Jungs haben Hilary gern geärgert. Sie kannten sie ja und wussten, wer sie war. Es hat allen jede Menge Spaß gemacht. Ich denke, das kommt im Film auch rüber. Jeder wollte sich einfach nur amüsieren.«

Die Kritiken waren gemischt. Es gab Verrisse, wie zum Beispiel den von Kevin Thomas von der *Los Angeles Times*, der den Film für »so künstlich wie einen Kunststoff-Weihnachtsbaum« hielt. Andere räumten ein, dass es sich um eine lustige Familienunterhaltung handelte. Der anerkannte Kritiker Roger Ebert von der *Chicago Sun-Times* bezeichnete *Im Dutzend billiger* als fröhlichen Spaß, der für jedes Familienmitglied etwas zu bieten hätte. Und die *Entertainment Weekly* urteilte über den Film: »Eine lebhafte, funkelnde, moderne Darstellung von Familienzusammengehörigkeit und Teamwork.«

Trotz der spitzen Bemerkungen einiger Kritiker wurde *Im Dutzend billiger* zu einem vollen Erfolg, der an seinem Eröffnungswochenende 28,2 Millionen Dollar einspielte – genug, um hinter *Der Herr der Ringe – Die Rückkehr des Königs* Platz zwei der Kinocharts zu belegen. *Im Dutzend billiger* profitierte von positiver Mundpropaganda und wurde zu einem der erfolgreichsten Filme des Jahres mit einem Gesamtumsatz von 140 Millionen Dollar.

Hilarys Freude über den Erfolg des Films wurde durch die negativen Auswirkungen eines Kleinkriegs mit Lindsay Lohan getrübt, der in der Öffentlichkeit ausgetragen wurde. Lindsay Lohan, geboren am 2. Juli 1986, hat genau wie Hilary bereits im Kindesalter als professionelle Schauspielerin gearbeitet. Ihr Kinodebüt gab sie 1998 in dem Disneyfilm *Ein Zwilling kommt selten allein*, dem Remake eines Disneyfilms aus dem Jahre 1961, der auf Erich Kästners *Das doppelte Lottchen* basiert. Die Kritiker schwärmten von ihrer Darbietung, aber trotzdem sah man sie in den folgenden Jahren erst mal nicht mehr auf der großen Leinwand. Lindsay spielte in der TV-Serie *Bette* mit und trat in den Fernsehfilmen *Zum Leben erweckt* und *Lass dir was einfallen* auf. 2003 kehrte sie mit dem gefeierten Film *Freaky Friday – Ein voll verrückter Freitag* an der Seite von Jaime Lee Curtis ins Kino zurück, was ihr viel Lob für ihr komisches Talent einbrachte. Mit *Bekenntnisse einer Highschool Diva* (2004) stellte sie dann nicht nur ihre schauspielerischen Fähigkeiten unter Beweis, sondern auch ihr musikalisches Talent, so wie Hilary in *Popstar auf Umwegen*.

Obwohl Lindsay ziemlich gehypt wurde, erwies sich *Bekenntnisse einer Highschool Diva* als spektakulärer Flop, den die junge Schauspielerin allerdings mit den bei Kritikern und Fans gleichermaßen beliebten Filmen *Girls Club – Vorsicht bissig!* und *Herbie fully loaded – Ein toller Käfer startet durch* wieder wettmachte. In beiden Filmen war eine erwachsenere Lindsay zu sehen, die langsam versuchte, ihr Disney-Image abzulegen. Im Dezember 2004 stellte sie ihr Debütalbum *Speak* vor, das keinen großen Anklang bei den Kritikern fand und ähnlich wie Hilarys Album von einigen als bloße Geldmacherei einer vermarktbaren Schauspielerin wahrgenommen wurde. Die Karrieren der beiden Jungstars verliefen also ganz ähnlich. Und offenbar hatten sie auch den gleichen Männergeschmack.

Lindsay Lohan und Aaron Carter

Lindsay und Hilary waren Konkurrentinnen, die am Anfang ihrer Karrieren beide bei Disney unter Vertrag standen, weshalb sie sich oft um dieselben Rollen bewarben. Ihre Beziehung wurde angespannt, als Aaron Carter mit Hilary etwas anfing, während er angeblich noch mit Lindsay zusammen gewesen sein soll.

Aaron und Hilary lernten sich im Dezember 2000 auf seiner Geburtstagsparty kennen. »Ich fand ihn echt süß und wirklich nett. Es machte Spaß, mit ihm zusammen zu sein«, erzählte Hilary. Danach trafen sich die beiden am Set von *Lizzie McGuire* wieder, als Aaron in der Folge *Und hier kommt: Aaron Carter* als er selbst auftrat. Als Lindsay von Aarons Flirtereien erfuhr, beendete sie die Beziehung und musste dann erleben, dass er am 4. August 2003 Hilary zur Premiere von Lohans Film *Freaky Friday – Ein voll verrückter Freitag* mitbrachte. Das gefiel Lindsay natürlich überhaupt nicht, und sie glaubte, bei Hilary Schadenfreude zu entdecken. Die Kunde von Lindsays Groll verbreitete sich blitzschnell in den Klatschzeitungen, sodass Hilarys Sprecher sich genötigt sahen, ein Statement abzugeben: »Sie hat Lindsay auf der Party gesehen, aber sie sind sich nicht über den Weg gelaufen. Hilary musste auch zeitig gehen, da sie am nächsten Morgen sehr früh nach Boston geflogen ist, um dort ein Konzert zu geben ... Außerdem lagen mehrere Monate zwischen Aarons Beziehung zu Lindsay und seiner Beziehung zu Hilary.«

Bei der Premiere zu *Im Dutzend billiger* nahm der Streit eine hässliche Wendung. Es heißt, Hilary habe versucht, Lindsay rausschmeißen zu lassen. Ihre Mutter soll sie dazu ermutigt haben. Zuerst wandte sie sich wohl an ihren Bodyguard Troy und dann an die Manager von 20th Century Fox. Ein Beobachter der Szene erzählte *WENN*, die Duffs seien auf die Leute von Fox zugegangen und hätten gesagt: »Das gefällt uns nicht! Wir wollen, dass Lindsay geht! Schmeißt sie raus!« Die Fox-Manager waren total verblüfft und erinnerten Hilary zunächst daran, dass Lindsay eingeladen war. Dann stellten sie ihr aber doch ein Ultimatum. »Wenn dir das nicht passt, kannst du ja gehen«, sagten sie der Klatschseite *Page Six* zufolge. Lindsay war sichtlich aufgewühlt und traurig, weshalb sie die Party ohne großes Aufsehen verlassen wollte. Aber ihre wütenden Begleiter überredeten sie zu bleiben.

In den Wochen nach dem Vorfall wurde der Streit in den Boulevardmedien unglaublich aufgebauscht. Endlos wurde über die Motive der Mädchen spekuliert. Waren gegenseitige Bemerkungen der Mütter der beiden Auslöser für den Streit? Ging es wirklich nur um Eifersucht? War tatsächlich Aaron Carter an dieser verzwickten Situation schuld?

Später kam ans Licht, dass tatsächlich Susan für diesen Vorfall verantwortlich war. Ein paar Wochen vor der Premiere von *Im Dutzend billiger* war Hilarys schwarzer Range Rover vor ihrem Haus in den Hollywood Hills mit Eiern beworfen worden. WENN zufolge sagte ein Insider: »Die Leute haben Susan erzählt, das hätte Lindsay getan.« Als Hilarys Mutter Lindsay auf der Premierenfeier entdeckte, sah sie rot. »Susan ist sehr beschützerisch, wenn es um Hilary geht, und sie wollte nicht, dass Lindsay in ihrer Nähe ist«, fügte besagter Insider hinzu.

> *"Ich habe das Gefühl, wenn ich ein normales Mädchen wäre, das eine normale Highschool besucht, würde die Schule zwei Tage darüber reden, und dann wäre es vergessen. Doch weil die Leute wissen, wer ich bin und wer sie (Lindsay Lohan) ist, reden sie einfach unheimlich gern darüber."*

Lindsay stritt ab, für die Sache mit den Eiern verantwortlich zu sein, und betonte, sie sei zum fraglichen Zeitpunkt gar nicht in den USA gewesen. Tatsächlich war sie in Kanada, wo sie *Girls Club – Vorsicht bissig!* drehte. Auch Hilary war sich keiner Schuld bewusst. In einem Interview mit *Buzzle* erklärte sie: »Ich kann nicht einmal sagen, wie sie auf der Premiere aussah. Ich glaube, ich habe sie vielleicht zweimal getroffen. Ich habe das Gefühl, dass sie jedes Mal, wenn wir uns sehen, schlecht über mich redet.«

Lindsay schien von der ganzen Situation genauso verwirrt zu sein wie Hilary, sie erzählte WENN: »Ich habe kein Problem mit Hilary. Vielleicht hat sie ein Problem mit mir, aber dafür hat sie doch keinen Grund. Ihre Karriere läuft großartig. Ihre CD verkauft sich gut. Ich glaube, es bringt nichts, wenn man versucht, Leute bei Premieren rauszuschmeißen und dergleichen.« Sie äußerte sich auch zu den Spekulationen, dass ihre Mutter auf der Premiere etwas zu Hilarys Beratern gesagt haben soll. »Sollte meine Mom etwas getan haben, wäre mir das sehr peinlich«, sagte sie. »Aber sie würde so etwas niemals tun.« Was auch immer vorgefallen sein mag, klar ist nur, dass das Geschehen auf der Premierenfeier in dem Zickenkrieg, der über mehrere Jahre anhielt, nur ein Zwischenfall von vielen war.

Im Mai 2004 war Lindsay zu Gast in der Sendung *Saturday Night Live* auf NBC. In der beliebten Comedy-Show spielte sie in einem Sketch mit, in dem man sich über den Dauerstreit zwischen ihr und Hilary lustig machte. Rachel Dratch, festes Ensemblemitglied der Sendung, trat als Hilary auf und sang, dass ihre Fehde ja »so yesterday« sei. Hilary gefiel das gar nicht, und sie beschwerte sich gegenüber *Access Hollywood*: »Als ich hörte, dass Lindsay bei *Saturday Night Live* zu Gast sein würde, wusste ich, dass sie sich über mich lustig machen würde. Und ich fühlte mich nicht geehrt. Ich empfinde es nicht als Ehre, wenn man sich bei *Saturday Night Live* über mich lustig macht. Ich möchte nicht schlecht von ihr reden, so wie sie immer schlecht über mich redet. Aber mir war einfach klar, dass das passieren würde.« Lindsay verteidigte den Sketch: »Wir haben sie nicht in den Dreck gezogen. Es tut mir leid, wenn sie sich gekränkt fühlt, aber ich dachte, zwischen uns wäre jetzt alles okay. Hilary, ich möchte keinen neuen Streit anfangen!«

Im Spätsommer 2005 behauptete Lindsay dann, dass Hilary all ihre Versöhnungsversuche abgelehnt hätte. In einem *WENN*-Artikel sagte sie: »Ich habe sie letzte Woche angerufen und gefragt, ob wir was unternehmen wollen. Und ihre Schwester hat einfach aufgelegt!« Sie fügte noch hinzu, dass sie Hilary nicht zur Feindin haben wollte, weil sie beide in L.A. einen gemeinsamen Freundeskreis hätten. »Ich streite mich nicht gern.«

Hilary äußerte sich in einem Interview ihrerseits recht nachdenklich und reflektiert über den Streit mit Lindsay: »Ich habe das Gefühl, wenn ich ein normales Mädchen wäre, das eine normale Highschool besucht, würde die Schule zwei Tage darüber reden, und dann wäre es vergessen. Doch weil die Leute wissen, wer ich bin und wer sie ist, reden sie einfach unheimlich gern darüber. Ich kenne sie nicht. Wenn man all die Interviews liest, wird man feststellen, dass ich nichts dazu gesagt habe. Ich versuche, meinen Mund zu halten. Mehr kann ich nicht tun.«

Hilarys und Aarons Beziehung endete angeblich, weil sie beide zu sehr mit ihren Karrieren beschäftigt waren und weil Hilary ihn für einen »Aufreißer« hielt. »Falls ich wirklich zur gleichen Zeit mit ihm zusammen gewesen sein sollte wie Lindsay, habe ich es nicht böse gemeint«, erzählte Hilary gegenüber *Buzzle*. »Ich glaube, er hat mich betrogen, und ich glaube, er hat auch sie betrogen … Ich liebe ihn als Kumpel, aber er hat es für mich so dargestellt, als ob sie nicht mehr zusammen wären.« Hilarys Trennung war ein gefundenes Fressen für die Presse. Und so sehr sie die Vorteile ihres Ruhms auch genoss, merkte sie doch schnell, dass es auch Nachteile gab. »Man sagt Dinge in Interviews, die dann erst zwei Monate später erscheinen«, erklärte sie in einem Gespräch mit Sean Chavel, »und dann lesen es die Leute, als ob es gerade an diesem Tag passiert sei. So viele Mädchen haben mich gehasst, weil ich mit Aaron zusammen war. Es war schrecklich. Sie sagten Sachen wie: ›Ich hasse sie. Sie ist hässlich. Ihre Show ist scheiße!‹ Die kennen mich doch gar nicht. Es ist furchtbar.« Niemals wieder wollte sie mit jemandem aus der Branche eine Beziehung eingehen – was sie aber nicht durchhielt.

Wutanfälle, Zankereien, vehemente Dementis! Verwandelte sich das nette Mädchen aus Texas etwa in eine Diva? Es gab tatsächlich kleine Anzeichen dafür, und einige Beobachter sahen in Hilarys Zickenkrieg mit Lindsay den Beweis dafür, dass der Erfolg ihr zu Kopf gestiegen war. Aber Hilary ließ sich von diesen Anfeindungen nicht unterkriegen. Wenn dieser Streit irgendetwas bewirkte, dann war es ein Segen, denn er machte sie noch bekannter und zu einem Stammgast in Klatschzeitungen und Magazinen. So ist das in Hollywood. Auch schlechte Publicity ist Publicity. Aber Hilary wollte nicht wegen irgendwelcher Klatschgeschichten berühmt sein, sondern als Schauspielerin und Sängerin. 2004 startete sie wieder voll durch. Es sollten zwei Filme mit ihr ins Kino kommen – *Cinderella Story* und *Raise Your Voice – Lebe deinen Traum* –, eine Sommertour zu *Metamorphosis* war geplant und die Veröffentlichung ihres zweiten Albums, *Hilary Duff*, stand bevor.

Kapitel 6

Hilary ist nicht zu bremsen

> "Ich liebe Dido und Nelly Furtado und Menschen, die wirklich hinter ihrer Musik stehen. Und ich finde Renée Zellweger toll."
>
> — Hilary Duff

Als das Jahr 2004 anbrach, war Hilary allgegenwärtig. Im Januar hatte sie einen Gastauftritt in der von den Kritikern hochgelobten Serie Frasier, und im amerikanischen Fernsehen liefen bisher ungezeigte Folgen von Lizzie McGuire. Die Kinovorstellungen von Im Dutzend billiger waren immer noch gut besucht. Hilarys Singles wurden im Radio rauf und runter gespielt, und sie war immer noch auf Tour durch die USA, gab ausverkaufte Konzerte, zum Beispiel in der Cox Arena in San Diego und im Mandalay Bay in Las Vegas.

> Im März 2004 brachte Hilary ihre eigene Modelinie namens "Stuff by Hilary Duff" heraus.

Im Frühjahr probierte sich Hilary auf einem neuen Gebiet aus. Sie trat in die Fußstapfen der Zwillinge Mary-Kate und Ashley Olsen und von Martha Stewart, indem sie ihre eigene Modelinie herausbrachte. Hilarys Kleidungsstil wurde von vielen ihrer Fans bewundert und nachgeahmt. Er bot eine erfrischende Alternative zu den knappen, bauchfreien T-Shirts und Hüfthosen, die Kids und Teenager trugen, seit Britney Spears und Christina Aguilera diesen Trend ins Leben gerufen hatten.

Ihr Stil war dermaßen gefragt, dass es sich regelrecht anbot, eine Modelinie auf den Markt zu bringen. Am 12. März 2004 kam »Stuff by Hilary Duff« in die Läden. Dazu gehörten Kleidung, Kosmetik, Accessoires, Bettwäsche und eine Kollektion von Bettelarmband-Anhängern, die von Hilarys Leben inspiriert waren. Außerdem entwarf sie die Linie »Little Dog Duff« für Hunde, benannt nach ihrem verstorbenen Hund Little Dog. Hilary, die sich schon lange für die Rechte von Tieren einsetzte, versprach, die Einnahmen ihrer Hundelinie an Tierheime, Sterilisationskliniken und das Naturschutzgebiet für Wildpferde »Return to Freedom« zu spenden. Die Tierschutzorganisation PETA befand Hilarys Kosmetika für gut, da die Produkte nicht an Tieren getestet wurden. Im ersten Jahr machte »Stuff by Hilary Duff« fünf Millionen Dollar Umsatz, was viele Beobachter sprachlos zurückließ. Gab es eigentlich etwas, das Hilary Duff nicht schaffte? Alles, was sie anfasste, schien sich in Gold zu verwandeln. Aber Boulevardjournalisten und Hollywoodreporter hatten Gefallen an Hilarys Streit mit Lindsay Lohan gefunden und warteten begierig auf einen neuen Zickenkrieg, über den sie berichten konnten.

Hilary hatte immer wieder Ärger mit Altersgenossinnen – vielleicht weil diese unsicher oder eifersüchtig waren oder einfach nur, weil Teenager sich eben gern mal kabbeln. Zuerst gab es Streit mit Michelle Branch, dann mit Lindsay Lohan und nun mit der kanadischen Punkgöre Avril Lavigne.

Nachdem Avril am 27. September 1984 in der Kleinstadt Belleville, Ontario, auf die Welt gekommen war, wuchs sie in der noch kleineren Stadt Napanee auf. Ihre Entwicklung aus dem Nichts zum Superstar stellt eine interessante

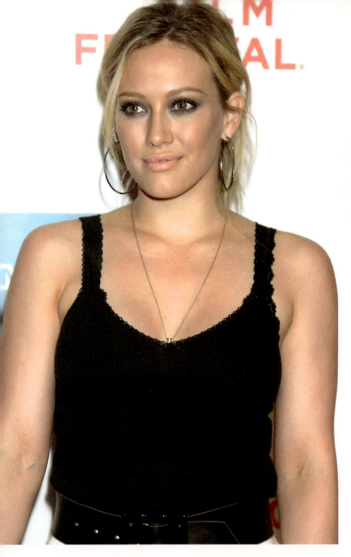

Geschichte dar. Als Kind brachte sich Avril selbst das Gitarrespielen bei und sang im Kirchenchor. Als sie einmal in einem Buchladen in Kingston, Ontario, mit Countrysongs auftrat, wurde sie – wie man so schön sagt – »entdeckt«. Kurze Zeit später unterschrieb die erst 16-Jährige einen Vertrag bei Arista Records. Antonio »L.A.« Reid, der Boss von Arista, war so begeistert von ihrer Stimme, dass er Avril prompt nach New York holte, wo sie ihr erstes Album aufnehmen sollte.

Let Go, an dem auch das Produzententeam The Matrix (das später an Hilarys *Metamorphosis* beteiligt war) mitarbeitete, war ein Pop-Rock-Album. Nach der Veröffentlichung am 4. Juni 2002 erreichte es Platz zwei der Charts in den USA und Nummer eins in Australien, Kanada und Großbritannien. Damit war Avril die jüngste Solokünstlerin, die das in Großbritannien je geschafft hat. Knapp sechs Monate später erhielt das Album viermal Platin.

Bis Dezember 2004 verkauften sich 15 Millionen Kopien von *Let Go*. Die Singles – *Complicated*, *Sk8er Boi* und *I'm With Love* –, die richtige Ohrwürmer waren, wurden Megahits. Avril, die von den Medien als »Anti-Britney« verkauft wurde, erhielt acht Grammy-Nominierungen, gewann vier von sechs möglichen Juno Awards und wurde von MTV zum Newcomer des Jahres gewählt. Ihr und den Singer-Songwriterinnen Vanessa Carlton und Michelle Branch wurde zugeschrieben, so etwas wie echte Kreativität in den Teeniepop eingeführt zu haben. Avril hatte an allen Tracks von *Let Go* mitgeschrieben, auch wenn noch andere Songwriter daran beteiligt waren. Die junge Kanadierin machte aber außerdem durch ihr aggressives Verhalten von sich reden, denn vor der Veröffentlichung ihres Albums zog sie über Britney Spears her und war in mehrere Handgemenge in Clubs verwickelt. Das Ganze war aber wohl kaum mehr als eine clevere Marketingstrategie.

Genau wie bei Hilary beschwor auch Avrils Erfolg eine Gegenreaktion herauf. Sie wurde dafür kritisiert, gegen den Punkethos verstoßen zu haben, denn aus irgendeinem Grund wird Avril mit dieser Musikrichtung der Siebziger in Verbindung gebracht. Man warf ihr vor, nichts weiter zu sein als ein Poser. Mitglieder der Punkgemeinde waren erzürnt, als Avril erklärte, noch nie etwas von der einflussreichen Punkband Sex Pistols gehört zu haben, und sie nahmen auch Anstoß an ihrem Kleidungsstil – der heute berüchtigten Kombination aus Schlips und Tanktop, was unter ihren Fans viele Nachahmer fand. Avrils Musik wurde oft von ihrem originellen Outfit überschattet. 2003 hörte sie auf, Krawatten zu tragen, was sie zu einer Art Modeikone gemacht hatte. Sie attackierte ihre Fans, weil diese ihren Schlips-und-Top-Look imitierten. »Werdet erwachsen«, war ihr Rat. Hilary empfand Avrils Kommentar als böse und sagte zu Journalisten, Avril solle doch froh sein, Fans zu haben, die sie bewunderten und respektierten.

Anfang 2004 reagierte Avril in *Newsweek* auf Hilarys Bemerkung und spottete: »Hilary soll gesagt haben, ich müsse meine Fans mehr schätzen. Wie bitte? Wen kümmert es schon, was sie über meine Fans zu sagen hat? Egal. Hilary Duff ist so ein Musterkind, Mamis kleines Mädchen.« Als man sie fragte, ob sie Hilary denn jemals kennengelernt hatte, verneinte sie murmelnd. Mit zuckersüßer Stimme fügte sie hinzu: »Ich bin sicher, dass sie wirklich nett und süß ist. Sicher ist sie die Freundlichkeit in Person.«

Das Timing von Avrils Reaktion auf Hilarys Kommentare war sehr verdächtig, denn es geschah erst über ein halbes Jahr nach Hilarys Äußerungen. Ein paar Wochen, bevor *Let Go* in die Plattenläden kam, hatte Avril für Aufregung gesorgt, indem sie Britney Spears' Musik runtergemacht hatte. Und ihr zweites Album, *Under My Skin*, sollte am 25. Mai 2004 veröffentlicht werden. War Avril etwa auf Eigenwerbung aus, als sie Amerikas Lieblinge angriff? Das *Newsweek*-Interview hätte diesen Schlagabtausch beenden können – die Sache war aber noch nicht ausgestanden.

Als Avril bei einem Radiosender in Boston zu Gast war, griff sie Hilary erneut an. Auf die Frage nach Hilarys Kommentar reagierte sie heftig. Dem

Avril Lavigne

Boston Herald zufolge fauchte sie: »Ich dachte: ›Wer bist du denn, dass du denkst, du kannst über mich reden? Du solltest es besser wissen.‹ Erzähl keinen Müll über mich.« Dann sprach sie Hilary direkt an: »Du kannst mich mal.«

Wochen später ging Avril in *Access Hollywood* noch einmal auf die Sache ein: »Das hat mich total wütend gemacht. Sie hat mir nicht zu sagen, wie ich meine Fans behandeln sollte … Das geht sie nichts an.«

Ein Sprecher von Hilary erwiderte darauf in *Access Hollywood*: »Hilarys Kommentar wurde total aufgebauscht, und das tut ihr leid. Obwohl sie Avril Lavigne nie kennengelernt hat, ist sie ein großer Fan ihrer Musik.« Beide Lager äußerten den Wunsch, dem Streit ein Ende zu bereiten. Aber im Juni bei den Much Music Video Awards in Kanada dementierte Avril Berichte, nach denen Hilary das Missverständnis gern aus der Welt schaffen wollte. Als Journalisten Avril berichteten, Hilary wolle sich für ihre Kommentare entschuldigen, erwiderte Avril scharf: »Ja, das würde ich gern sehen.«

Schließlich schien sich der Streit von selbst erledigt zu haben. Aber im November teilte Avril doch wieder gegen Hilary aus. Nach Ashlee Simpsons berühmt-berüchtigtem Auftritt bei *Saturday Night Live*, bei dem die Sängerin Playback gesungen hatte, erklärte Avril in der *New York Post*: »Ich habe noch nie Play-back gesungen. Und das werde ich auch nicht. Ich bin Sängerin, und ich singe live … Man sieht das immer wieder, und es macht mich traurig. Es ist eine Schande, dass es so weit gekommen ist.« Als man sie drängte, Namen zu nennen, antwortete Avril: »Leute wie Hilary Duff. Ich habe sie noch nie live singen gehört. Immer, wenn ich einen Auftritt von ihr gesehen habe, hat sie Play-back gesungen. Man hat es nicht verdient, erfolgreich zu sein, wenn man das tut.«

Hilary reagierte nicht darauf, sondern blieb ihrem Grundsatz treu, einfach den Mund zu halten. Sie verteidigte lieber ihre Freundin Ashlee, indem sie erklärte, dass die Produzenten der Sendung die Sängerin überredet hätten, Play-back zu singen, weil man sich Sorgen um Ashlees angegriffene Stimme gemacht hatte. »Abwarten und Tee trinken« war Hilarys Motto. Irgendwann würde auch über diese Sache Gras wachsen.

Kapitel 7

Ein Märchen wird wahr

> "Ich liebe Klamotten und kann mich einfach nicht zurückhalten. Ich habe ein Fetisch für Schuhe, Klamotten und Make-up. Ich gehöre zu den Menschen, die nicht gern immer wieder die gleichen Sachen tragen."
>
> Hilary Duff

Mit der Veröffentlichung von *Cinderella Story* wurde in den Zeitschriften endlich auch mal wieder über etwas anderes berichtet als über die Zankereien mit Avril und Lindsay.

Der Film *Cinderella Story*, der im Sommer 2003 gedreht wurde, bot Hilary eine Rolle, die anders war als alles, was sie bisher gespielt hatte. »Meine Figur ist ein ganz einfaches Mädchen, das ein schreckliches Leben führt. Ihr Dad ist gestorben, und sie hat böse Stiefschwestern und eine gemeine Stiefmutter ... sie weiß weder ein noch aus. Dann lernt sie im Internet diesen Typen kennen. Es ist wirklich eine Art moderne Cinderellageschichte. Aber ohne den kitschigen Schuh und die Katze und all das.«

Hilary nahm die Rolle der Sam auch deswegen an, weil *Cinderella* von Charles Perrault immer ihr Lieblingsmärchen war. Die Rolle des Traumprinzen übernahm Chad Michael Murray, der Mädchenschwarm der Teenieserie *One Tree Hill*. Vervollständigt wurde die Besetzung durch Jennifer Coolidge, die vielleicht am besten für ihre Rolle als Stiflers Mom in den *American Pie*-Filmen bekannt ist, und Regina King, die in *Jerry Maguire – Spiel des Lebens* und *Ray* mitgespielt hatte. Wenn *Metamorphosis* Hilarys Ambitionen, sich von *Lizzie McGuire* zu lösen, unterstützt hatte, dann war *Cinderella Story* das Ausrufezeichen. Für ihre Arbeit als Schauspielerin und ausführende Produzentin erhielt Hilary zwei Millionen Dollar Gage. *Cinderella Story* war ganz allein Hilary Duffs Film. In *Im Dutzend billiger* war sie Teil eines Ensembles gewesen, und in *Agent Cody Banks* hatte sie die zweite Geige neben Frankie Muniz gespielt. In *Popstar auf Umwegen* war sie zwar die Hauptdarstellerin gewesen, aber es war nicht ganz klar, ob das herausragende Einspielergebnis mehr mit der Figur Lizzie oder mit Hilary selbst zu tun hatte. In *Cinderella Story* stand sie nun ganz und gar im Mittelpunkt, was ein paar Fragen aufwarf. War die Millionengage gerechtfertigt? Konnte Hilary überhaupt einen Film tragen?

Cinderella Story kam am 16. Juli 2004 in den USA ins Kino – mitten in Hollywoods Blockbuster-Saison. Es gab hohe Erwartungen an den Film, aber er hatte das Pech, am gleichen Tag wie Will Smiths *I, Robot* veröffentlicht zu werden und sich mit *Spider-Man 2*, dem größten Hit des Sommers, messen zu müssen. Am Eröffnungswochenende nahm *Cinderella Story* respektable 13,8 Millionen Dollar ein und lag damit auf Platz drei der Kinocharts. Wie vorherzusehen war, setzte sich *I, Robot* mit einem Einspielergebnis von 52,3 Millionen Dollar an die Spitze, gefolgt von *Spider-Man 2* mit 24,2 Millionen Dollar. In Deutschland kam *Cinderella Story* am 7. Oktober 2004 in die Kinos.

Wieder fielen die Kritiken recht gemischt aus. Häufig wurde bemängelt, dass die Neuauflage des schon häufig verfilmten Märchens nicht sehr kreativ sei. Aber andere Kritiker hielten *Cinderella Story* für einen gelungenen Teeniefilm, der genau auf seine Zielgruppe zugeschnitten war. Bob Bloom von *Journal and Courier* meinte: »*Cinderella Story* ist definitiv für junge Kinogänger gemacht. Es ist ziemlich einfach und formelhaft, hebt aber den Charme von Hilary Duff hervor.« Auch Hilarys Darstellung wurde lobend erwähnt. Bruce Westbrook vom

Houston Chronicle schrieb zum Beispiel: »Duff spielt ihre Lizzie-McGuire-Persönlichkeit als süßes, aber bescheidenes Mädchen aus, bringt aber ebenso Lebensfreude und aufrichtige Sehnsucht rüber.« Matthew Turners Fazit *(ViewLondon)* lautete: »*Cinderella Story* ist ein sehenswertes modernes Märchen, das dank der Scharen an Hilary-Duff-Fans ein Hit werden sollte.«

Der Film basiert auf einem alten, allseits bekannten Märchen, das schon dutzendmal nacherzählt und verfilmt wurde. Die Geschichte von dem armen, guten Mädchen, das schließlich doch mit ihrem Traumprinzen zusammenkommt, verzaubert die Menschen bereits seit Jahrhunderten. In Hilarys moderner Version verabredet sich Sam, die tagtäglich im Diner ihrer bösen Stiefmutter (Coolidge) arbeiten muss, mit ihrem namenlosen Verehrer aus dem Chatroom zum Halloween-Schulball, den sie wegen ihrer Stiefmutter fast verpasst hätte. Doch die Rettung naht in Form von Rhonda (Regina King), dem guten Geist des Diners. Sie leiht Sam ihr Hochzeitskleid als Kostüm. Und wie durch ein Wunder passt es Sam wie angegossen, obwohl Hilary und Regina völlig verschiedene Kleidergrößen haben. Die in dem weißen Kleid wunderschön aussehende Sam trifft auf dem Ball ihren Märchenprinzen. Wie sich herausstellt, handelt es sich dabei um Austin (Murray) – Kapitän des Footballteams, Schülerschaftspräsident und Schwarm aller Mädchen.

Genau wie Sam möchte auch Austin in Princeton studieren, obwohl seine Familie es lieber sehen würde, dass er einmal die Autowaschanlage übernimmt. Tief in seinem Inneren ist Austin mehr als ein oberflächlicher Sportfreak – genauso wie Sam viel mehr ist als nur ein armes, hübsches Mädchen. Er mag Lyrik und zitiert gern Tennyson, wenn er online ist, weil er dann ganz er selbst sein kann.

Hilary Duff bei der Premiere von »Cinderella Story« am 10. Juli 2004 im Grauman's Chinese Theatre in Hollywood.

Ihre Zweisamkeit nimmt natürlich ein abruptes Ende, als Sam den Ball verlassen muss. Statt eines Schuhs lässt sie ihr Handy zurück.

Cinderella Story spielte trotz einiger schlechter Kritiken mehr als das Doppelte seiner Produktionskosten von 20 Millionen Dollar ein, nämlich 51,5 Millionen. Die Auszeichnungen und Nominierungen, die der Film erhielt, zeigen, dass er bei jungen Filmfans äußerst beliebt war. Bei den Teen Choice Awards 2005 (bei denen die Gewinner von den Lesern der *Teen People* gewählt werden) erhielt *Cinderella Story* mehrere Nominierungen, unter anderem in der Kategorie Beste Schauspielerin in einer Komödie, und zwei Preise für die beste Szene, in der jemand rot wird, und für den besten Filmwiderling (Jennifer Coolidge). Hilarys Fans hatten *Cinderella Story* zu einem kleinen Hit gemacht, aber nun musste die Schauspielerin Rollen finden, die etwas anspruchsvoller waren, denn ihre Fans wurden langsam erwachsen und entwickelten einen etwas kritischeren Geschmack.

Hilary Duff in einer Szene des Films »Raise Your Voice – Lebe deinen Traum«.

Hilarys zweiter Film, der 2004 ins Kino kam, hieß *Raise Your Voice – Lebe deinen Traum*. Ursprünglich sollte er eigentlich unter dem Titel *Heart of Summer* im Spätsommer anlaufen. Stattdessen wurde er aber erst im Herbst veröffentlicht, als die Konkurrenz an Hollywoodfilmen nicht ganz so groß war. Wenn die Premiere eines Films verschoben wird, bedeutet das normalerweise, dass er beim Testpublikum nicht gut angekommen ist. Man war also gespannt, wie *Raise Your Voice – Lebe deinen Traum* den Kinozuschauern gefallen würde.

Anfangs war Evan Rachel Wood für die Hauptrolle in *Raise Your Voice* im Gespräch gewesen, aber die Schauspielerin sprang wegen Änderungen im Produktionsplan ab. So ergatterte Hilary die Rolle der Terri Fletcher – bis dato ihre dramatischste. »Es war schwer«, sagte sie über die Dreharbeiten. »Am schwierigsten waren für mich die Szenen nach der Tragödie, die Terri zustößt. Es ist einfach ein taubes Gefühl. Sie fühlt nichts – kein Glück, keine Trauer. Irgendwie ist sie nichts«, sagte sie in einem Interview.

Terri hat ihren Bruder, gespielt von Jason Ritter, bei einem Autounfall verloren. Sie denkt, ein Tapetenwechsel würde ihr guttun, und bittet ihren Vater (David Keith), sie zu einem Workshop für talentierte Musiker nach Los Angeles zu schicken, zu dem ihr Bruder sie angemeldet hatte. Terris Vater ist nicht sonderlich begeistert von der Idee, und nur mithilfe ihrer Mutter (Rita Wilson) und ihrer beherzten Tante Nina (Rebecca De Mornay) kann Terri heimlich nach Los Angeles fahren.

Als sie in L.A. ankommt, macht die Stadt ihr Angst. Ihr wird auch sofort die Jacke gestohlen. Aber die Schrecken der Stadt verblassen im Vergleich dazu, wie Terri von den versnobten Workshopteilnehmern behandelt wird, die sie

Hilary Duff bei der Pressekonferenz zu ihrem Film »Cinderella Story« im Beverly Regent Wilshire Hotel in Beverly Hills.

meiden. Ihre Rettung sind der inspirierende Lehrer Mr. Torvald (John Corbett aus *Sex and the City*) und der schmucke Brite Jay (Oliver James), der seine schnöselige Freundin für Terri verlässt und ihr hilft, ihr Lampenfieber zu überwinden, und der sogar einen Song mit ihr schreibt. Schließlich entdeckt Terri ihre Liebe zur Musik wieder, und beim Abschlusskonzert des Workshops hat sie einen unglaublichen Soloauftritt. Terris Vater, der wütend darüber ist, dass seine Tochter ihm nicht gehorcht hat, kommt nach L.A. und stürmt in die Konzerthalle, wo er Terri singen hört. Bei ihrem Anblick auf der Bühne fällt aller Ärger von ihm ab.

Raise Your Voice – Lebe deinen Traum kam am 8. Oktober 2004 in den USA ins Kino und wurde leider ein Flop. An seinem Eröffnungswochenende spielte der Film gerade einmal vier Millionen Dollar ein, was Platz sechs der Kinocharts bedeutete. Die Wochen vergingen, und die Einnahmen schrumpften. Nachdem der Streifen insgesamt nur 10,4 Millionen Dollar eingespielt hatte – nicht einmal genug, um die 15 Millionen Dollar Produktionskosten zu decken –, verschwand *Raise Your Voice* kurzerhand aus den Kinos. Da der Film schon in den USA kein Erfolg war, wurde er in Deutschland gar nicht erst im Kino gezeigt, sondern am 12. September 2005 gleich auf DVD veröffentlicht. Es war Hilarys erfolgslosester Film, und dieses Mal schienen sich Zuschauer und Kritiker einig gewesen zu sein.

Roger Ebert kritisierte den Film heftig und schrieb: »Hilary Duff hat ein tolles Lächeln … und ich sehe mir gern ihr Lächeln an, obwohl ein Foto den gleichen

"Hilary war toll. Ihre Darstellung hat mich berührt. Ich habe sogar geweint, als ich den Film gesehen habe. Weil wir Freunde geworden sind. Als ich sah, wie sie so empfindlich und offen war – sie haben wirklich alles aus ihr rausgeholt – und sie im Film angefangen hat zu weinen, habe ich auch geweint."
John Corbett

Effekt hätte und Zeit sparen würde.« Anita Gates von der *New York Times* beurteilte den Streifen dagegen eher positiv: »Ich denke, für Erwachsene lohnt sich *Raise Your Voice – Lebe deinen Traum* nicht, aber Miss Duffs Leinwandpräsenz und die ansteckende Lebensfreude des Films werden diesen Streifen bei jungen Kinofans beliebt machen.« Für Hilarys Darstellung gab es hier und da auch Lob. David Elliott *(San Diego Union-Tribune)* schrieb zum Beispiel: »Duff ist mit 17 die Ruhe selbst. Sie strahlt, ohne selbstgefällig zu sein, wie der gesegnete Nachwuchs von Marilyn Monroe und einem Marshmallow.« Im *San Francisco Chronicle* wurde betont, wie lebensnah der Film war: »Er fängt besonders gut die Zeit im Leben ein, in der man glaubt, alles sei möglich, und in der gleichzeitig jeder kleine Misserfolg das Ende der Welt bedeutet.« Von Jane Summer von den *Dallas Morning News* wurde *Raise Your Voice* sogar als »Westküsten-*Fame*« bezeichnet. Andere Kritiker waren von Hilarys Gesangskünsten enttäuscht. Leah McLaren von *Globe & Mail* meinte: »Hilary kann nicht singen und Terri auch nicht, also muss man sich fragen, was das ganze Geschrei eigentlich soll. Letzten Endes vermutet man, dass Daddy wohl recht hatte – ein so talentloses Mädchen ist wohl besser zu Hause im Familienrestaurant aufgehoben.«

Hilarys Co-Star John Corbett fand die Kritik viel zu hart. »Sie war toll«, sagte er in einem Interview. »Ihre Darstellung hat mich berührt. Ich habe sogar geweint, als ich den Film gesehen habe. Weil wir Freunde geworden sind. Als ich sah, wie sie so empfindlich und offen war – sie haben wirklich alles aus ihr rausgeholt – und sie im Film angefangen hat zu weinen, habe ich auch geweint.« Trotz Corbetts Meinung erhielt Hilary eine Nominierung für eine Goldene Himbeere als schlechteste Schauspielerin für ihre beiden Filme *Cinderella Story* und *Raise Your Voice – Lebe deinen Traum*. Aber mit dem Blimp Award, den sie bei den Kids' Choice Awards als Lieblingsschauspielerin gewann, konnte sie sich trösten.

Kapitel 8

Heraus-
forderungen

"Auf Tour bin ich jeden Abend in einer anderen Stadt. Die Energie des Publikums, die kreischenden Kids, die jedes einzelne Wort mitsingen können, und dass ich auf der Bühne stehe, sind der Lohn für die Mühe."

Hilary Duff

Raise Your Voice – Lebe deinen Traum erwies sich als einer von Hilarys wenigen Misserfolgen, aber der Flop konnte ihren Enthusiasmus und die Leidenschaft für ihre Arbeit nicht schwächen. Zusammen mit ihrer Schwester Haylie übernahm sie eine Sprecherrolle in dem Animationsfilm *Die Suche nach dem Weihnachtsmann*. In diesem Trickfilm reisen die Pinguinprinzessin Crystal (Hilary) und ihre kleine Schwester Lucinda (Haylie) zum Nordpol, um zu beweisen, dass es den Weihnachtsmann gibt. Das Abenteuer der beiden Pinguine ist gefährlich. Sie begegnen wilden Tieren, Piraten und aufständischen Pinguinen, die sich den Thron unter den Nagel reißen wollen. Der Film, der in den USA am 23. November 2004 und in Deutschland am 2. Dezember 2004 auf DVD veröffentlicht wurde, erregte allerdings wenig Aufmerksamkeit. Von Hilarys Musik waren ihre Fans hingegen nach wie vor begeistert.

> Den ganzen Sommer 2004 war sie auf Tour gewesen, kreuz und quer durchs Land gereist, um "Metamorphosis" und ihr in Kürze erscheinendes Album "Hilary Duff" zu promoten, wobei selbst Hallen ausverkauft waren, in die 10.000 Zuschauer passen.

Hilary Duff bei einem Auftritt in der »Today Show« im Rockefeller Center in New York im Juni 2005.

Den ganzen Sommer lang war sie auf Tour gewesen, kreuz und quer durchs Land gereist, um *Metamorphosis* und ihr in Kürze erscheinendes Album *Hilary Duff* zu promoten, wobei selbst Hallen ausverkauft waren, in die 10.000 Zuschauer passen. Für ihre fröhliche Show bekam sie fast nur positive Kritiken. Sogar ihre Stimme, die in einigen Besprechungen zu *Raise Your Voice* nicht so gut weggekommen war, wurde jetzt als charmant beschrieben.

Hilary erreichte ihre Erfolge, ohne sich allzu offenherzig zu kleiden oder sich in eine selbstverliebte Diva zu verwandeln. Während der Pressetermine zu *Cinderella Story* und *Raise Your Voice – Lebe deinen Traum* war sie so gesprächig, lebhaft und freundlich wie eh und je. Voller Leidenschaft ging sie ihrer Arbeit nach. Selbst vom enttäuschenden Ergebnis von *Raise Your Voice* ließ sie sich nicht unterkriegen.

Bisher hatte Hilary alle vernichtenden Kritiken und Gerüchte unbeschadet überstanden. Ihre Fans hatten ihr immer die Treue gehalten, waren in Scharen ins Kino gelaufen, um sich ihre Filme anzusehen, und hatten ihre Alben und die Klamotten ihres Modelabels gekauft. Mittlerweile war sie nicht mehr nur bei den Kids und Teenies bekannt, sondern zählte nun auch viele Erwachsene zu ihren Fans.

Am 28. September 2004 wurde das Album *Hilary Duff* veröffentlicht. Davor hatte sie versprochen, dass ihr zweites musikalisches Werk ein wenig bissiger sein würde, ein wenig rockiger und ein bisschen weniger poppig als *Metamorphosis*. In dem einen Jahr seit der Veröffentlichung von *Metamorphosis* hatte sich im Teeniepop einiges getan. Der poppige Sound von *Metamorpho-*

"Ich rief die Songwriter an und sagte: 'Das ist bei mir gerade los, und es macht mich verrückt. Ich möchte, dass ihr darüber einen Song für mich schreibt.'"

sis war plötzlich out. Avril Lavignes *Under My Skin* und Ashlee Simpsons *Autobiography* hatten einen härteren Sound eingeführt – mit knurrenden Gitarren, rockhymnenhaften Refrains und rhythmischen Beats. Es ist also nicht überraschend, dass man Ashlees Produzenten John Shanks ins Boot holte, um mit ihm an einigen Tracks von *Hilary Duff* zusammenzuarbeiten. »Der Sound meines ersten Albums passte damals gut zu mir, er war sehr allgemein«, erzählte Hilary dem Journalisten Craig Mathieson. »Die Songs handelten nicht von Dingen, die in meinem Leben geschehen waren.« Dieses Mal hat sie aber an drei Liedern mitgeschrieben und arbeitete eng mit den Songwritern zusammen. »Ich rief die Songwriter an und sagte: ›Das ist bei mir gerade los, und es macht mich verrückt. Ich möchte, dass ihr darüber einen Song für mich schreibt.‹«

Hilary Duff stieg in den USA auf Platz zwei der Billboardcharts ein und belegte in Kanada sogar Platz eins. Auf dem Album gab es einen Song mit dem Titel *Haters*, den Hilary zusammen mit ihrer Schwester Haylie geschrieben hatte – Gerüchten zufolge handelte das Lied von Lindsay Lohan, was Hilary aber abstritt. Während *Metamorphosis* Hitsingles hervorgebracht und enthusiastische Rezensionen bekommen hatte, erhielt *Hilary Duff* eher schlechte Kritiken, und die Songs gerieten schnell wieder in Vergessenheit.

Ty Burr von der *Entertainment Weekly* verriss das Album und bezeichnete es als »wirklich schlecht«. »Duffs Stimme«, so schrieb er, »ein winziges Ding, dem jegliche musikalische Persönlichkeit fehlt, ist unter Schichten von unspezifischen geschmacklosen Arrangements begraben.« Stephen Thomas Erlewine vom *All Music Guide*, einer der größten Fans von *Metamorphosis*, mochte zwar die Sängerin, äußerte sich zu *Hilary Duff* aber auch kritisch: »Hilary hat zwar eine nette, mädchenhafte Stimme, ist aber keine großartige Sängerin. Und das schadet dem Album hin und wieder. Sie bekommt nicht alles hin, was sie versucht.« Ken Barnes von *USA Today* äußerte sich positiv über das Album, das seiner Meinung nach »ein gelungeneres Beispiel für Pop, der sich an Teenies richtet« war.

Hilary Duff verkaufte sich in den USA über eine Million Mal und erreichte somit Platinstatus. In Kanada erhielt es sogar dreimal Platin. Neben den USA und Kanada stieg das Album auch in Australien, Japan und Mexiko in die Top 10 ein. Aber die Singles – *Fly*, *I Am*, *The Getaway* und *Someone's Watching Over Me* – blieben weit hinter den Erwartungen zurück. Hilarys letzter Film, *Raise Your Voice – Lebe deinen Traum*, hatte keinen Erfolg gehabt. Und obwohl *Hilary Duff* nicht als Flop bezeichnet werden kann, kam es mit seinen Verkaufszahlen und Chartpositionen nicht an seinen Vorgänger *Metamorphosis* heran. Trotz dieser

> Anfang 2005 belegten sie und ihre Schwester Haylie Onlinekurse der Harvard Extension School. Die frischgebackene Studentin schwärmte auf ihrer Website von dem Programm: "Am Montag hatte ich meinen ersten Tag am College. Ich habe Onlinekurse in Harvard belegt. Wirklich cool! Ich freue mich, wieder etwas zu lernen ..."

kleinen Rückschläge war Hilary immer noch voller Tatendrang und stellte sich zunächst einmal einer persönlichen Herausforderung.

Immer hatte sie sich gewünscht, aufs College zu gehen. Anfang 2005 belegten sie und ihre Schwester Haylie Onlinekurse der Harvard Extension School. Die frischgebackene Studentin schwärmte auf ihrer Website von dem Programm: »Am Montag hatte ich meinen ersten Tag am College. Ich habe Onlinekurse in Harvard belegt. Wirklich cool! Ich freue mich, wieder etwas zu lernen ...«

Den Harvardstudenten gefiel es allerdings ganz und gar nicht, dass Hilary mit ihrer angesehenen Eliteuni in Verbindung gebracht wurde. Sie warfen ihr vor, dass sie nie das einschüchternde Zulassungsverfahren hatte mitmachen müssen und dass sie an keinen Campusaktivitäten teilnehmen würde. In einem Artikel in Harvards Unizeitung *The Crimson* wurde die Schauspielerin runtergeputzt und als »Loser und Feigling« bezeichnet. Hilarys Reaktion war dezent und selbstsicher. »Erstens habe ich einen Fulltimejob«, antwortete sie. »Und zweitens wüsste ich gern, ob Tausende andere Menschen, die Onlinekurse belegen, auch Feiglinge sind, oder ob das bloß für mich gilt.« Hilary ging so souverän mit Angriffen und Misserfolgen um, weil sie als Promi sehr schnell erwachsen werden musste.

»Ich bin auf jeden Fall ein bisschen schneller erwachsen geworden als andere, was an der Branche liegt, in der ich tätig bin«, erzählte Hilary *contactmusic.com*. »Ich weiß nicht, ob ich die gleichen Gefühle habe wie eine normale 17-Jährige, die wütend auf die Welt ist und denkt, niemand versteht sie. Solche Gefühle habe ich nicht. Ich fühle andere Dinge ... durch meinen Job erlebe ich unglaubliche Sachen, die andere Leute nicht erleben, also versuche ich, alles nicht so ernst zu nehmen.«

Hilary war im zarten Alter von 17 schon ein alter Hase im Umgang mit den Medien und wurde mit Kritik an ihren Fähigkeiten spielend fertig. »Die Leute reden viel öfter schlecht über andere Menschen, als dass sie gut über jemanden reden«, bemerkte sie Taylor Hanson gegenüber, »denn viele Leute mögen Dramen. Ich denke, wenn man hört, dass schlecht über einen geredet wird, sollte man einfach darüber lachen und sich nichts daraus machen. Es passiert sowieso, und man kann es nun mal nicht allen recht machen. Die Leute sagen, was sie sagen wollen, und denken, was sie denken wollen, und ich kann nichts daran ändern.« Wahrscheinlich war es auch gut für ihr Selbstbewusstsein, dass *Forbes* sie auf Platz 72 seiner jährlichen Liste mit den einflussreichsten Promis – Schauspieler, Sportler, Musiker – gesetzt hatte.

Kapitel 9

Wohltätigkeit und Unvollkommenheit

"Meine Mom sagt immer, man solle die Einzigartigkeit eines jeden feiern. Ich mag, wie das klingt."

Hilary Duff

Es ist eine durchaus berechtigte Frage, ob Hilarys blitzsauberes Image nur aufgesetzt war oder tatsächlich der Realität entsprach. Viele der größten Stars von heute wurden erst einmal einem Testpublikum vorgestellt, und ihr öffentliches Erscheinungsbild wird von Pressesprechern strikt kontrolliert. Gute Pressesprecher sind äußerst wichtig für einen Star. Bestes Beispiel dafür ist die Entwicklung von Tom Cruise, nachdem er 2005 seine langjährige Pressesprecherin gefeuert und durch seine Schwester ersetzt hatte. Nicht lange nach diesem Schritt irritierte Cruise, der hinter seinem Lächeln immer so cool und gefasst wirkte, die Öffentlichkeit mit einigen bizarren Auftritten. Der bekennende Scientologe beschimpfte zum Beispiel Brooke Shields, weil sie zur Behandlung ihrer Wochenbettdepression Medikamente eingenommen hatte, und auf dem Sofa in der *Oprah Winfrey Show* sprang er wie wild herum, um seiner Liebe zu Katie Holmes Ausdruck zu verleihen.

> Hilary ist sich ihrer Verantwortung als Prominente bewusst, und sie hat erkannt, wie wichtig es ist, sich immer wieder für andere einzusetzen. "Man muss den Kids zeigen, dass es gar nicht schwer ist, anderen zu helfen."

Aber — wie ihre Mutter es einst ausdrückte — vielleicht ist Hilary wirklich zu gut, um wahr zu sein. Ihre Familie engagiert sich schon seit Langem für wohltätige Zwecke. Hilary ist sich ihrer Verantwortung als Prominente bewusst, und sie hat erkannt, wie wichtig es ist, sich immer wieder für andere einzusetzen. »Man muss den Kids zeigen, dass es gar nicht schwer ist, anderen zu helfen«, sagte sie gegenüber *Entertainment Tonight*.

Bereits seit Jahren engagiert sich Hilary für mehrere Wohltätigkeitsorganisationen, unter anderem für The Angel Network, Return to Freedom und Kids With A Cause, wo sie seit der Gründung 1999 Mitglied ist. Kids With A Cause wurde ins Leben gerufen, um Kindern zu helfen, die unter Armut, Hunger, Krankheiten, Bildungsmangel, Vernachlässigung und Missbrauch leiden. Die Mitglieder der Organisation sind vorwiegend prominente Teenager aus Film und Fernsehen und der Musikbranche. Sie alle halten es angesichts ihres Vermögens und Einflusses für ihre Pflicht, der Gesellschaft etwas zurückzugeben. Im Januar 2005 spendete Hilary im Namen von Kids With A Cause 50.000 Dollar an das Canadian National Institute for the Blind – ein Teil des Geldes wurde eingesetzt, um die Toy Lending Library in Toronto und Hamilton zu finanzieren. »Es gibt mir ein gutes Gefühl zu sehen, dass die Kinder glücklich sind und lächeln«, sagte Hilary damals. »Ich denke, wir alle halten so vieles für selbstverständlich, dass es wichtig ist, auch mal innezuhalten und an andere zu denken, zu helfen, wann immer man kann.« Diese Einstellung bestimmte auch nach dem Tsunami ihr Handeln, der im Dezember 2004 Asien verwüstete.

Der am 26. Dezember 2004 durch ein Erdbeben im Indischen Ozean hervorgerufene Tsunami forderte 150.000 Todesopfer – ein Drittel davon Kinder – in elf Ländern, darunter Sri Lanka, Indien, Thailand und Indonesien. Hilary war zu diesem Zeitpunkt gerade auf der *Most Wanted*-Tour, bei der regelmäßig Arenen mit 10.000 Plätzen ausverkauft waren. Am 10. Januar gab Hilary gemeinsam mit ihrer Mutter bekannt, dass sie einen Teil der Einnahmen der restlichen Tour an UNICEF spenden würde (genau 25 Prozent jedes verkauften Tickets).

»Wie alle anderen habe auch ich diese schreckliche Tragödie gesehen. Die Kinder und die Familien, die alles verloren haben, tun mir so leid«, sagte Hilary in einer Erklärung. »Ich möchte alles in meiner Macht Stehende tun, um den Überlebenden zu helfen.« Auch als der Hurrikan Katrina 2005 den Süden von Louisiana zerstörte, war Hilary betroffen und spendete 250.000 Dollar für eine Hilfsaktion, mit der Tausenden Menschen geholfen werden sollte, die durch die Katastrophe ihr Zuhause verloren hatten.

Die guten Taten von Prominenten als PR-Kampagnen abzutun ist relativ leicht, aber Hilary engagiert sich schon viele Jahre für wohltätige Zwecke, ohne viel Aufhebens davon zu machen. Ihr Einsatz ist unermüdlich. Das zeigt, dass es für sie ein Bedürfnis ist und nicht nur irgendeine Publicity-Maßnahme.

Sicher verdient Hilary mehrere Millionen Dollar im Jahr und kann sich die Spenden ohne Weiteres leisten, aber sie hilft in dem Bewusstsein, dass ihr Ruhm auch Verpflichtungen mit sich bringt. »Das ist eine schreckliche Katastrophe. Alles passierte so schnell. Ich denke, dass jede kleine Hilfe zählt«, sagte sie der *Toronto Sun* über den Tsunami. Sie versucht, etwas Positives zu bewegen. Im März 2005 übergab Hilary ihren Scheck an UNICEF, und zwar bei den United Nations in New York City, wo sie aus diesem Anlass auch ein besonderes Konzert gab.

Der Auftritt vor der UN war sicher nervenaufreibend, aber Hilary hatte bereits Erfahrung mit Auftritten vor den Mächtigen dieser Welt. Zur Amtseinführung von Präsident George W. Bush hatte sie auf einem Ball für die Jugend gesungen. Als die *Toronto Sun* vor diesem Ereignis mit ihr sprach, hörte sich Hilary wegen der Aussicht, für Präsident Bush zu singen, sehr nervös an. »Das klingt viel-

Hilary Duff im Oktober 2008 bei einem Event der Organisation »Blessings in a Backpack« in New York.

leicht seltsam, aber wenn ich vor zehn- oder elftausend Menschen auftrete, ist das einfach für mich«, sagte sie. Aber der kleine Ball machte ihr Angst. »Ich denke: Oh, mein Gott, werde ich vor einer gedeckten Tafel auftreten? Werden die Leute alle ganz schick gekleidet sein? Muss ich mich auch schick anziehen? Was ist, wenn die Leute mich für stillos halten? Oh, mein Gott!« Sie hätte sich aber keine Sorgen machen müssen. Präsident Bush war wohl schon lange ein Fan von ihr.

Mit gerade einmal 17 Jahren hatte Hilary bereits mehr erreicht, als es die meisten Menschen in ihrem ganzen Leben schaffen. Drei Jahre lang hatte sie fast ohne Pause durchgearbeitet, sodass sie manchmal gefragt wurde, ob sie nicht völlig überarbeitet sei. »Jeden Tag muss man Entscheidungen treffen. Ich bin im Moment wirklich sehr beschäftigt, und manchmal bin ich auch erschöpft«,

In der Komödie »Der perfekte Mann« erfindet Holly Hamilton (Hilary Duff, Mitte) einen heimlichen Verehrer für ihre Mom Jean (Heather Locklear, links). Aria Wallace (rechts) spielt Hollys Schwester Zoe.

sagte sie WENN. »Ich bin etwas überarbeitet, aber ich arbeite gern, und ich bin glücklich. Ich fühle mich wie der glücklichste Mensch der Welt … manchmal wünschte ich, ich hätte einen Tag frei … aber das wäre dann auch nicht wirklich ein freier Tag, weil ich nicht die Dinge machen könnte, die ich gern tun würde. Das Opfer muss man bringen.« Hilary stürzte sich also weiterhin in ihre Arbeit.

So hatte sie einen Gastauftritt in einer Folge der CBS-Serie *Die himmlische Joan*, die am 28. Januar 2005 ausgestrahlt wurde. Hier traf sie wieder auf Jason Ritter, ihren Co-Star aus *Raise Your Voice – Lebe deinen Traum*. Im April war Hilary dann für eine Woche Gastmoderatorin in der beliebten Talkshow *The View*. Die Künstlerin vertrat Elisabeth Hasselbeck, die im Mutterschaftsurlaub war. Hasselbeck wurde auch von weiteren Prominenten ersetzt, wie zum Beispiel von Tennisstar und Model Anna Kurnikowa und von Rachael Ray, die viele für die nächste Martha Stewart hielten. »Wir haben uns Leute ausgesucht, die unsere Zuschauer gern sehen wollen«, sagte der ausführende Produzent Bill Geddie der *New York Post*.

Dieser Auftritt zeigte einmal mehr, wie sehr Hilarys Aktien gestiegen waren. Ihre Popularität war ungetrübt. Ende April verkündete sie, dass sie einen Vertrag bei Robert Thornes neuer Managementfirma in Beverly Hills unterzeichnet hatte. Thorne war als Geschäftsführer von Dualstar Entertainment bekannt geworden und hatte die Olsen-Zwillinge berühmt gemacht. Nachdem er eine Abfindung in Millionenhöhe von den Olsens erhalten hatte, gründete er zusammen mit dem Anwalt Greg Redlitz seine eigene Firma.

»Zuerst müssen wir dafür sorgen, dass alles, was Hilary macht, von höchster Qualität ist«, sagte Thorne auf Zap2it.com. »Sie hat die wunderbare Möglichkeit, in aller Munde zu bleiben, da all die großen Medienkonzerne mit ihr arbeiten wollen.« Hilary war sehr optimistisch, was ihre Zusammenarbeit mit Thorne anging: »Robert ist genau der Richtige, um mir zu helfen, das nächste Kapitel als Entertainerin und Geschäftsfrau zu schreiben.« Da Thorne praktisch der Vater der Teeniestar-Revolution ist, war seine Hilfe unbezahlbar. Als Hilary das Drehbuch zu *Der perfekte Mann* las, war sie sofort von der Rolle der Holly Hamilton angetan. »Ich glaube, an dem Skript gefällt mir am meisten, dass ich mich überhaupt nicht mit der Rolle identifizieren kann«, erzählte Hilary dem *Tribute*. »Das Einzige, das Holly und ich gemeinsam haben, ist, dass wir beide Eyeliner mögen, und zwar viel davon.«

»Meine Familie ist ganz anders als ihre«, fuhr sie fort. »Holly lässt niemanden an sich ran, weil sie nie weiß, wann sie wieder aus ihrer Umgebung gerissen wird. Es hat Spaß gemacht und es war auch schwierig, sich vorzustellen, wie es wäre, so zu leben und mit solchen Problemen fertig werden zu müssen.« Hollys Mutter Jean wurde von Heather Locklear gespielt. Die männliche Hauptrolle, Ben, übernahm Chris Noth *(Criminal Intent – Verbrechen im Visier, Sex and the City)*. Jean hat kein Glück in der Liebe, weshalb sie ständig in eine andere Stadt zieht, wenn wieder einmal eine Beziehung kaputtgegangen ist. Aus einem solchen Anlass beschließt sie, mit Holly und der sechsjäh-

Hilary Duff begrüßt bei der Weltpremiere des Films »Der perfekte Mann« ihren Co-Star Heather Locklear.

rigen Zoe (Aria Wallace in ihrem Kinodebüt) von Ohio nach Brooklyn in New York zu ziehen. Holly, die das Umherziehen satt hat, ist wild entschlossen, den perfekten Mann für ihre Mutter zu suchen. Den glaubt sie in Ben gefunden zu haben, dem Onkel ihrer neuen Mitschülerin Amy (Vanessa Lengies). Aber anstatt ein Date zwischen den beiden zu arrangieren, nimmt sie im Internet unter dem Namen Ben Kontakt zu ihrer Mutter auf. Mithilfe der Ratschläge des richtigen Ben schreibt Holly Liebesbriefe und E-Mails an ihre Mutter, in denen sie Jean all das erzählt, was die schon immer hören wollte. So verliebt sich Jean schließlich in einen Mann, den sie nur aus dem Internet kennt.

Holly tut alles, damit ihr Plan aufgeht. Um zu verhindern, dass Jean den echten Ben in seinem Bistro kennenlernt, löst sie die Sprinkleranlage aus. Dann platzt sie in eine Hochzeit hinein, weil sie denkt, Ben sei der Bräutigam, aber er war nur der Trauzeuge. Die Geschichte wird kompliziert, als Holly den perfekten Mann für sich selbst findet (Ben Feldman aus *Living With Fran*). Aber da sie von ihrer Mutter gelernt hat, dass solche Dinge nie gut gehen, ist sie es nun, die unbedingt wieder umziehen möchte. Das Ende ist recht vorhersehbar, was bei romantischen Komödien aber durchaus nicht ungewöhnlich ist.

Heather Locklear, deren komisches Talent häufig unterschätzt wird und die der Serie *Chaos City* neues Leben eingehaucht hatte, nachdem Michael J. Fox ausgestiegen war, nimmt man es ab, Hilarys Mutter zu sein. Die interessanteste Beziehung des Films ist eigentlich die zwischen Holly und Jean. Hilary war der Meinung, dass »es eigentlich um die Liebe zwischen Mutter und Tochter geht und darum, wie sie einander helfen«. Witziges Detail des Films ist, dass der Frontmann der Band Styx, Dennis DeYoung, als Leadsänger einer Styx-Tributeband auftritt. Am 17. Juni 2005 kam *Der perfekte Mann* in den USA ins Kino, als Konkurrenz zu *Mr. & Mrs. Smith* und Christopher Nolans *Batman Begins*. Die Taktik, die bei *Popstar auf Umwegen* wunderbar aufgegangen war, funktionierte bei *Der perfekte Mann* leider nicht. Der Film belegte am Ende seines Eröffnungswochenendes nur Platz sieben der Kinocharts, hatte gerade einmal 5,5 Millionen Dollar eingespielt und erhielt viele vernichtende Kritiken.

Roger Ebert verfluchte »die idiotische Handlung« und meinte: »Wir Zuschauer lachen nicht, denn es ist nicht nett, über die zu lachen, die es nicht so gut haben wie wir. Die Leute in diesem Film haben weniger Glück als die Leute in jedem anderen Film, einfach weil sie in diesem Film mitspielen.« Jan Stuart von *Newsday* riet seinen Lesern: »Wenn Ihr vorhabt, Hilary Duffs neue Komödie am Vatertagswochenende zu gucken, zeigt Dad, wie sehr ihr ihn mögt. Lasst ihn zu Hause.« Eine der weniger negativen Kritiken war im *Houston Chronicle* zu finden: »*Der perfekte Mann* ist nicht perfekt, aber keine schlechte Gesellschaft für 100 Minuten.« *Der perfekte Mann* schaffte es zwar, seine Produktionskosten von zehn Millionen Dollar wieder einzuspielen und übertraf mit einem Einspielergebnis von 16,2 Millionen Dollar *Raise Your Voice*, aber der Film war trotzdem ein ziemlicher Flop, der weit hinter den Erwartungen zurückblieb. In Deutschland wurde er am 1. Dezember 2005 gleich auf DVD veröffentlicht.

Kapitel 10

Hilary lernt Good Charlotte kennen

"Die Leute sagen, was sie wollen, und denken, was sie wollen. Daran kann ich nichts ändern."

Hilary Duff

Hilary Duff und Joel Madden feiern am 28. September 2005 im Nachtclub Mood in Hollywood den 18. Geburtstag der Sängerin.

2005 war Hilarys Karriere auf einem Tiefpunkt angelangt. Bei ihren letzten drei großen Projekten hatte sie ihr Potenzial nicht ausschöpfen können. Der ganz große Erfolg war leider ausgeblieben. Da der Geschmack von Kids und Teenagern eher unbeständig ist, brauchte Hilary etwas Großes, um ihre jungen Fans bei Laune zu halten. Ihre ausverkaufte *Most Wanted*-Tour hatte auf jeden Fall bewiesen, dass ihre Fans zumindest ihre Musik immer noch mochten. Einem Trend der Musikbranche folgend, gab Hilary bekannt, dass ihr drittes Album mit dem Titel *Most Wanted* eine Compilation aus sieben ihrer größten Hits, drei neuen Songs und drei Remixen sein würde. Im Alter von 17 Jahren und nach nur zwei Alben war es ein gewagter Schritt, ein Greatest-Hits-Album rauszubringen.

Es schien zwar ein wenig verfrüht zu sein, aber seit den Neunzigern waren Greatest-Hits-Alben auf dem Vormarsch, auch wenn die fragliche Band erst ein paar Alben veröffentlicht hatte. Da ihre Produktion nicht sehr zeitaufwendig und vergleichsweise billig ist, sind solche Kompilationen effizient und kostengünstig herzustellen. Durch iTunes und Songs zum Downloaden hören die Menschen heute anders Musik. Wie in den Fünfzigern ist die Single wieder bedeutender als das Album. Die Hörer kaufen heutzutage lieber ein Album mit bekannten Hits als eines mit ausschließlich neuen Songs. Hilary ahmte lediglich ein bewährtes Schema nach: Die Backstreet Boys hatten 2001 ein Greatest-Hits-Album veröffentlicht, Britney Spears' Compilation *My Prerogative* kam 2004 in die Läden, Blink-182, Eminem, Destiny's Child und The Offspring folgten 2005.

Zur Inspiration hörte sie sich The Killers und Muse an und engagierte die Dead Executives, besser bekannt als Joel und Benji Madden von Good Charlotte, um die drei neuen Tracks des Albums zu produzieren.

Die Idee einer Sammlung von Hilarys größten Hits erschien vielen Kritikern als lächerlich, aber nachdem *Most Wanted* am 16. August 2005 veröffentlicht worden war, verkauften sich schon in der ersten Woche 207.000 Kopien. Das reichte aus, um sich an die Spitze der amerikanischen Charts zu setzen, wo das Album zwei Wochen lang verharrte. *Wake Up*, ein ansprechender und eingängiger Popsong, wurde in den USA zu Hilarys bis dahin erfolgreichster Single.

Genau wie bei *Hilary Duff* erklärte die Sängerin, dass sie sich einen kantigeren und mutigeren Sound wünschte. Zur Inspiration hörte sie sich The Killers und Muse an und engagierte die Dead Executives, besser bekannt als Joel und Benji Madden von Good Charlotte, um die drei neuen Tracks des Albums – *Wake Up*, *Break My Heart* und *Beat Of My Heart* – zu produzieren. Das Albumcover unterstrich Hilarys Botschaft, dass sie erwachsener geworden war. Ihr Gesicht war schmaler geworden und hatte den Babyspeck verloren, während ihr hellblondes Haar etwas dunkler, länger und gestylt war wie das von Farrah Fawcett zu ihren besten Zeiten. Hilary war nun nicht mehr Lizzie.

Hilarys neuer schlanker Look drohte, ihre Musik in den Schatten zu stellen, denn viele vermuteten, dass die Schauspielerin dem Schlankheitswahn Hollywoods verfallen war, vielleicht sogar eine Essstörung entwickelt hatte. Hilary dementierte alle diese Behauptungen und erklärte, sie lebe einfach gesünder als zuvor und die Veränderung habe auch mit ihrem Wachstum zu tun. Sie fügte hinzu, dass sie sich den Rat ihrer großen Schwester zu Herzen genommen habe, kein Fastfood mehr zu essen, keine Limo zu trinken und mehr Sport zu treiben. Am liebsten esse sie Okra und Oliven.

Wie üblich sah Hilary die Chance, ihre Bekanntheit zu nutzen, um sich für eine gute Sache einzusetzen – in diesem Fall ging es ihr darum, auf das Problem der wachsenden Fettleibigkeit in Amerika aufmerksam zu machen. Sie engagierte sich für eine Kampagne der California School Nutrition Association (CSNA), die das Ziel hatte, die gesunde Ernährung von Schülern zu fördern. Die Sängerin trat in einem Radiospot auf, in dem sie sagte: »Obwohl ich vor jedem Konzert eine Stunde lang geschminkt werde, reicht das nicht aus, damit ich gut aussehe. Alles Make-up der Welt kann eine schlechte Ernährung nicht wettmachen. Ich muss mich fit halten und richtig ernähren, denn das, was ich esse, zeigt sich irgendwann an meinem Äußeren.« Der Spot, der an Hilarys

achtzehntem Geburtstag zum ersten Mal ausgestrahlt wurde, ließ die Gerüchte über Magersucht verstummen. Hilary erhielt viel Lob für ihre Zusammenarbeit mit der CSNA. Ihr Album *Most Wanted* wurde jedoch wieder scharf kritisiert.

Die Reaktionen der Kritiker auf das Album waren eher lau. Im *All Music Guide* war zu lesen: »*Most Wanted* ist kein furchtbares Album … es ist aber auch kein besonders gutes … in jeder anderen Hinsicht ist es kein großer Erfolg.« Talia Kraines von der BBC meinte, dass die Debütsingle *So Yesterday* immer noch Hilarys bester Track sei und dass *Wake Up* trotz ihrer Ambitionen zu rocken auch von Britneys Debütalbum hätte stammen können. Bill Lamb rezensierte das Album für *about.com* und behauptete, dass nur wenig an dem Album überhaupt einer Kritik wert war. Er empfand Hilarys Stimme zwar als »relativ dünn«, aber mit ihrem »Charme und ihrem Selbstbewusstsein« gewann sie ihn am Ende doch noch für sich.

> "Verglichen mit den jungen Hollywoodschauspielern ist Joel so normal. Er ist kein Partylöwe, kein verrückter Rockstar. Er verwüstet keine Hotelzimmer. Und außerdem gefällt mir natürlich, wie er aussieht. Er hilft mir, meine verrückte Seite zu entdecken, meine dunklere Seite."
> — Hilary Duff

Den Verkäufen von *Most Wanted* taten die schlechten Kritiken jedoch keinen Abbruch. Vielleicht hatte das auch etwas mit den Gerüchten um Hilary und Joel Madden zu tun.

Nach der Trennung von Aaron Carter hatte Hilary erklärt, nie wieder eine Beziehung mit jemandem aus der Branche eingehen zu wollen. Im April 2004 gestand sie *WENN* ihre Schüchternheit: »Ich bin echt schüchtern und würde niemals auf einen Jungen zugehen und sagen: ›Hey, was läuft?‹ Niemals!« Außerdem behauptete sie, dass ihr das Singleleben gefalle. Angesichts ihres Arbeitspensums und ihres Alters sei eine feste Beziehung unpraktisch. »Ich habe momentan keinen Freund. Ich bin noch ein bisschen zu jung … und arbeite die ganze Zeit und reise viel«, sagte sie *Entertainment Tonight*. »Ich möchte, dass die jungen Mädchen wissen, dass man keinen Freund braucht, um cool oder beliebt zu sein. Sie sollten erst mal lernen, starke und unabhängige Frauen zu werden, bevor sie sich von einem Kerl abhängig machen.«

Hilary war also nach eigener Aussage Single. Aber im Sommer 2004 kamen Gerüchte auf, die etwas anderes behaupteten. Der 25-jährige Joel Madden besuchte die 16-jährige Hilary in Kanada oft am Set von *Der perfekte Mann*, sodass ihnen bald eine romantische Beziehung nachgesagt wurde. Aber Hilary stritt das ab: »Wir sind gute Freunde. Ich mag seine Band. Es ist echt doof, dass die Leute sagen, wir wären zusammen … und Sachen behaupten, die nicht stimmen. Ich bin nicht mit ihm zusammen, und ich habe keinen Freund.«

Im Dezember desselben Jahres mischte sich der Frontmann von Good Charlotte allerdings in den Streit mit Lindsay Lohan ein. Beim »Jingle Bell«-Festival

"Ich habe eine absolute Schwäche für sie. Niemand kann mich herumkommandieren – außer ihr."
Joel Madden

des Radiosenders Z-100 in New York baten Lohans Bruder Cody und ein Freund Madden backstage um ein Autogramm. Die verärgerte Hilary erklärte Madden, wer Cody war. Angeblich soll daraufhin Madden Cody gebeten haben, dessen Mutter Dina zu holen, was dieser auch tat. Madden verlangte von Dina, dass Lindsay sich bei Hilary entschuldigen solle. Dina war darüber ziemlich aufgebracht, während Cody den Tränen nahe war. Nachdem er sich wieder gefangen hatte, lief er durch den Backstagebereich des Madison Square Garden und schrie nach Simple Plan, den größten Rivalen von Good Charlotte. Beide Seiten lehnten es ab, den Vorfall zu kommentieren, aber nach diesem Zwischenfall waren Beobachter überzeugt, dass zwischen Hilary und Joel mehr war als bloß Freundschaft.

Dass Susan Duff ein Loblied auf Madden sang, verstärkte die Gerüchte nur noch mehr. Sie lobte Joel dafür, dass er ihre Tochter vor den Gefahren des Ruhms schützte und sie so sehr unterstützte. Als Joel engagiert wurde, um an den drei neuen Songs von *Most Wanted* zu arbeiten, heizte das die Spekulationen noch mehr an.

Als die beiden am 28. August 2005 bei den MTV Video Music Awards in Miami zusammen erschienen, bestätigten sie schließlich die Gerüchte. Sie gaben zu, seit Juli 2004 ein Paar zu sein, es aber – auch wegen des Altersunterschiedes zwischen Joel und Hilary – geheim gehalten zu haben. Das Timing war perfekt. Hilary wurde in einem Monat 18, und *Most Wanted* war gerade veröffentlicht worden.

Nachdem sie ihre Beziehung öffentlich gemacht hatten, zögerte Hilary nicht mehr, Madden über den grünen Klee zu loben: »Verglichen mit den jungen Hollywoodschauspielern ist Joel so normal. Er ist kein Partylöwe, kein verrückter Rockstar. Er verwüstet keine Hotelzimmer. Und außerdem gefällt mir natürlich, wie er aussieht. Er hilft mir, meine verrückte Seite zu entdecken, meine dunklere Seite.«

Auch Madden sprach nur in den höchsten Tönen von Hilary. In einem Interview mit *People* sagte er: »Ich habe eine absolute Schwäche für sie. Niemand kann mich herumkommandieren – außer ihr.«

Viele fanden die Beziehung seltsam. Hilary war die charmante, unschuldige Schönheit und Joel der tätowierte, Mascara tragende Frontmann einer Punkband, der bereits eine Alkoholabhängigkeit hinter sich hatte. Die beiden gaben zu, sehr verschiedene Persönlichkeiten zu sein – sie mag Aktivitäten im Freien, er sieht gern fern, sie kann überall Spaß haben, er bläst Trübsal, wenn er unzufrieden ist –, aber man kann nicht abstreiten, dass sie tiefe Gefühle füreinander hatten. Nachdem sie sich einmal zwei Monate lang nicht gesehen hatten, flog Madden nach New York, um Hilary am Flughafen zu treffen und gemeinsam mit ihr nach Los Angeles zurückzukehren. Ein anderes Mal flog er extra nach Kanada, um sie zum Abendessen auszuführen. Ihre Beziehung war eindeutig ein Beweis, dass an dem Spruch »Gegensätze ziehen sich an« etwas dran ist.

Beobachter der Musikbranche waren gespannt, welchen Einfluss Madden auf Hilarys Gesangskarriere haben würde. Falls der Erfolg von *Most Wanted* ein Indikator war, könnte sich Hilarys und Joels Beziehung in privater wie in beruflicher Hinsicht als positiv erweisen. Aber wie hat es Laura Groppe 2003 so treffend ausgedrückt? »Hilary muss sich im Kino noch beweisen. Darauf warten alle gespannt.«

Kapitel 11

Es geht immer weiter

"Ich weiß, dass ich auch anspruchsvolle Rollen spielen kann, aber ich denke, ich muss keine cracksüchtige junge Mutter spielen, um das zu beweisen."

Hilary Duff

Wenn ein Film fast zweihundert Millionen Dollar einspielt – so wie *Im Dutzend billiger* –, ist es nur eine Frage der Zeit, bis eine Fortsetzung gedreht wird. Also übernahm Hilary im Sommer 2005 in *Im Dutzend billiger 2 – Zwei Väter drehen durch!* wieder die Rolle der Lorraine. Dieses Mal macht die Familie Baker Urlaub. Tom Baker (Steve Martin) ist traurig, weil einige seiner Kinder bald von zu Hause ausziehen werden. Lorraine geht nach New York, um bei einem Modemagazin ein Praktikum zu machen, und ihre ältere Schwester Nora (Piper Perabo) wird mit ihrem Mann nach Houston ziehen. Tom überredet seine Familie daher zu einem letzten gemeinsamen Urlaub am Lake Winnetka. Der idyllische Familienurlaub wird jedoch durch die Anwesenheit von Jimmy Murtaugh (Eugene Levy, *American Pie*) gestört – Toms Rivale aus Kindertagen, der sich auf der anderen Seite des Sees ein Luxusferienhaus gebaut hat. Anstatt sich gemeinsam mit seinen Kindern zu erholen, verbringt Tom seine Ferien nun mit dem Versuch, sein Gegenüber mit kindischen Streichen und Scherzen zu übertrumpfen.

Der Film wurde in den USA am 21. Dezember 2005 — rechtzeitig zu Weihnachten — veröffentlicht. In Deutschland konnte man ihn ab dem 23. Februar 2006 im Kino sehen. Es wurde allgemein erwartet, dass *Im Dutzend billiger 2* genauso erfolgreich – wenn nicht gar noch erfolgreicher – werden würde wie sein Vorgänger, aber letzten Endes wurde er doch nicht ganz so gut aufgenommen. Manche Kritiker lobten das Gefühl der Familienzusammengehörigkeit, das der Film vermittelte, aber die meisten beschrieben die Fortsetzung mit Worten wie »langweilig«, »lächerlich« und »unnötig«.

Am 13. Dezember 2005 bei der Weltpremiere von »Im Dutzend billiger 2 – Zwei Väter drehen durch!« im Mann Village Theatre in Westwood, Kalifornien.

An der Kinokasse schlug sich der Familienfilm gut, konnte die Erwartungen aber nicht ganz erfüllen, da er mit 119 Millionen Dollar viel weniger einspielte als der erste Teil.

Hilarys nächstes Projekt war wieder eine Komödie. Nachdem die Dreharbeiten zu *Im Dutzend billiger 2* beendet waren, spielte sie zusammen mit ihrer Schwester Haylie in dem Film *Material Girls*. Diese satirische Komödie handelt von zwei reichen, verwöhnten Schwestern, die ihr Leben umkrempeln müssen, nachdem ein Skandal in der Kosmetikfirma ihres verstorbenen Vaters das Familienunternehmen in Schwierigkeiten gebracht hat. Anstatt die Firma zu verkaufen, beschließen die Schwestern, sich zusammenzureißen und das Unternehmen zu Ehren ihres Vaters aus der Krise zu führen.

Anfangs fand der Film keinen Verleih, was bedeutet hätte, dass er nicht ins Kino gekommen wäre. Am 5. April 2006 wurde bekannt gegeben, dass der Film wahrscheinlich nicht veröffentlicht werden würde. Am nächsten Tag sicherte sich MGM die Rechte und brachte *Material Girls* am 18. August 2006 auf 2000 Leinwänden in den USA ins Kino. In Deutschland schaffte der Streifen den Sprung ins Kino nicht, sondern wurde am 26. April 2007 gleich auf DVD veröffentlicht. Der Film, für den Hilary zwei neue Songs aufnahm — unter anderem ein Cover von Madonnas Kulthit *Material Girl* —, kann als Flop angesehen werden. An seinem Eröffnungswochenende belegte er nur Platz neun der Kinocharts und spielte an den ersten drei Tagen lediglich 4,62 Millionen Dollar ein. Die weltweiten Einnahmen beliefen sich dann auch nur auf 16,8 Millionen Dollar. Zu allem Unglück wurde Hilary auch noch für zwei Goldene Himbeeren nominiert: als schlechteste Schauspielerin und zusammen mit ihrer Schwester als schlechtestes Leinwandpaar.

Die Schauspielerin wehrte sich gegen die harsche Kritik an dem Film. Der Kritiker der *New York Times* hatte sie zum Beispiel als »talentfrei« bezeichnet. »Hätte er es lieber, dass ich eine supererwachsene Rolle spiele, die nicht zu mir passt, sodass ich mich nicht weiterentwickeln kann? Das Nächste wäre dann wohl ein trendiger Independentfilm, in dem ich schwanger bin oder mir einen Schuss setze. Was würden denn meine Fans dazu sagen?«, fragte Hilary.

Doch danach nahm sie trotzdem eine etwas erwachsenere Rolle an und verpflichtete sich 2006, zusammen mit John Cusack in der politischen Satire *War, Inc. – Sie bestellen Krieg: Wir liefern!* mitzuspielen. In dieser Actionkomödie reist ein Attentäter (Cusack) in den Nahen Osten, um dort einen Ölbaron zu töten. Zur Tarnung gibt er vor, die Hochzeit eines Popstars namens Yonica Babyyeah (Hilary Duff) zu organisieren. Die Dreharbeiten zu dem Film, der in dem fiktiven Staat Turagistan spielt, fanden von Oktober bis Dezember 2006 in Sofia und Plowdiw in Bulgarien statt.

Am 28. April 2008 hatte der Film auf dem Tribeca Film Festival Weltpremiere. Kurz danach, am 23. Mai 2008, kam er in den USA in ausgewählte Kinos. Die weltweiten Einnahmen von 1,2 Millionen Dollar reichten am Ende nicht, um die Produktionskosten von circa zehn Millionen Dollar wieder einzuspielen. Wegen

Hilary Duff als Yonica Babyyeah in »War Inc.«

des nur mäßigen Erfolgs wurde der Film in Deutschland erst gar nicht im Kino veröffentlicht, sondern am 22. April 2009 gleich auf DVD herausgebracht.

Die Kritiker wollten das Werk durchaus mögen. Sie fanden die Idee gut, die Umsetzung jedoch nicht gelungen. Roger Ebert schrieb: »Ein mutiger und ehrgeiziger, aber chaotischer Versuch, eine politische Satire zu drehen.«

Hilarys Schauspielkarriere kam also immer noch nicht so richtig in Schwung. Und auch privat hatte die Künstlerin ein paar Probleme. Sie und Joel Madden beantragten im Oktober 2006 eine einstweilige Verfügung gegen zwei Männer, von denen sie ein Jahr lang verfolgt worden zu sein behaupteten. Einem 19-jährigen russischen Immigranten namens Max und dem Promifotografen David Joseph Klein wurde vorgeworfen, wiederholt versucht zu haben, Kontakt mit Hilarys Manager aufzunehmen. Die beiden hatten vor dem Haus von Hilarys Mutter herumgelungert und waren auf einem Good-Charlotte-Konzert gewesen, weil sie hofften, einen Blick auf das Paar erhaschen zu können. Laut der Verfügung hatte Max zugegeben, von Hilary Duff besessen zu sein und jeden aus dem Weg räumen zu wollen, der zwischen ihm und der Sängerin stand. Das

Dokument hielt außerdem fest, dass er sich eine Waffe kaufen wollte, um sich umzubringen – er wollte »etwas Dramatisches machen, um ihre Aufmerksamkeit zu erregen«. Die einstweilige Verfügung legte fest, dass die beiden Männer immer dreißig Meter Abstand zu Hilary und Joel halten mussten.

Einen Monat später wurde Max – sein vollständiger Name lautet Maksim Miakovsky – vor dem Residence Inn in Kalifornien verhaftet. Gerüchten zufolge hatte er einem Privatdetektiv gegenüber gesagt, dass er plane, Hilary während ihrer Teilnahme an einem Event umzubringen. Die einstweilige Verfügung gegen Klein, der mit Miakovsky zusammenwohnte, ließen Hilary und Joel später aufheben. Er hatte sich entschuldigt und das Paar überzeugt, dass er nichts mit der Besessenheit seines Mitbewohners zu tun hatte.

Als die Dreharbeiten zu *War, Inc.* abgeschlossen waren, entschied sich Hilary, ihre Stimme wieder einer animierten Figur zu leihen. Neben Charlie Sheen, Wayne Brady, Christopher Lloyd und ihrer Schwester Haylie übernahm sie eine Sprecherrolle in dem Film *Foodfight!*, der ursprünglich im April 2008 ins Kino kommen sollte. Der Film spielt nachts in einem Supermarkt. Wenn die Mitarbeiter und Kunden den Laden verlassen haben, verwandelt sich dieser in eine Stadt. Die Figuren aus den Logos von Produkten erwachen zum Leben. Der Animationsfilm geriet wegen massiver Schleichwerbung schwer in die Kritik. Bis heute wurde er nicht veröffentlicht.

Im November 2006 trennten sich Hilary und Joel nach ihrer zweieinhalb Jahre währenden Beziehung. Das *People Magazine* berichtete zuerst über die Trennung des ungleichen Paars. Steve Feinberg, der Manager von Good Charlotte, wurde mit den Worten zitiert: »Ich kann bestätigen, dass Joel Single ist. Wir werden keine Einzelheiten aus Joels Privatleben preisgeben, aber ich kann sagen, dass sie sich getrennt haben.« Angeblich war der Altersunterschied von acht Jahren einer der Gründe für das Ende der Beziehung.

Doch nicht nur Hilarys Beziehung war am Ende, sondern auch die ihrer Eltern. Nach 22-jähriger Ehe trennte sich Susan von Robert Duff, weil der fremdgegangen war. Hilary verarbeitete die Trennung ihrer Eltern in zwei Songs – *Stranger* und *Gypsy Woman*.

Diese befinden sich auf ihrem dritten Studioalbum – *Dignity* –, das im März 2007 in die Läden kam. Es erreichte Goldstatus und Platz drei der amerikanischen Charts. Die Kritiken waren überwiegend positiv und und enthielten Lob für Hilary. Kelefa Sanneh von der *New York Times* bezeichnete *Dignity* als »ziemlich starkes Elektropop-Album« und meinte: »Hörer, die noch nie etwas von Lizzie McGuire gehört haben, könnten eine freudige Überraschung erleben.« Hilarys Versuch, »ein erwachsenes Dancepop-Album« zu produzieren, erzielte laut *Rolling Stone* »ein überraschend gelungenes Ergebnis«. Und Stephen Thomas Erlewine von *Allmusic.com* erklärte: »Auf *Dignity* macht sie einen großen Schritt in Richtung einer erwachsenen Künstlerin.« *With Love*, die zweite Auskopplung des Albums, wurde Hilarys bis dahin erfolgreichste Single in den USA. Der Song erreichte sogar Platz eins der Dance-Charts.

Hilary Duff im August 2009 am Set von »Gossip Girl« in New York.

Als Schauspielerin wartete Hilary noch immer auf den Durchbruch, aber als Sängerin hatte sie sich etabliert, was der Erfolg von *Dignity* eindrucksvoll bewies. Auch in ihrem Privatleben lief es wieder besser. Anfang 2007 wurde sie häufig an der Seite von Mike Comrie gesehen. Der kanadische Eishockeyspieler hat bereits für die Philadelphia Flyers, Phoenix Coyotes, Ottawa Senators und New York Islanders gespielt. Zurzeit ist er für die Edmonton Oilers im Einsatz. Zu ihrem zwanzigsten Geburtstag im September 2007 bekam Hilary, die regelmäßig die Spiele ihres Freundes besucht, von ihm einen Mercedes im Wert von 100.000 Dollar geschenkt. Haylie war vom neuen Freund ihrer kleinen Schwester begeistert. Sie erzählte der Zeitschrift *People*: »Ich finde ihn toll. Er ist gut zu ihr, und das ist alles, was ich will.«

2007 war nicht nur das Jahr, in dem Hilary sich neu verliebte, sondern auch das Jahr, in dem sie und Lindsay Lohan endlich ihren Streit beilegten. Die beiden wurden gesichtet, wie sie in L.A. zusammen feierten. »Wir sind jetzt erwachsen, und was passiert ist, ist passiert, als wir noch sehr jung waren«, sagte Hilary gegenüber *People*. »Es ist vorbei.«

Hilary war voller Elan und nahm gleich drei Filmprojekte an: *Greta*, *What Goes Up* und *Stay Cool*. Die Dreharbeiten zu dem Independentfilm *Greta* begannen im Oktober 2007 und fanden in New Jersey statt. Hilary übernahm die Titelrolle eines rebellischen Teenagers, der den Sommer bei seinen Großeltern verbringen soll. Greta verliebt sich in einen jungen Mann mit krimineller Vergangenheit, kommt ihren Großeltern näher und findet zu sich selbst. Der Film kam am 11. Dezember 2009 in den USA ins Kino, aller-

dings wurde er nur in wenigen Städten gezeigt. In Deutschland erschien er am 12. März 2010 auf DVD.

Nach den Dreharbeiten zu *Greta* flog Hilary gleich nach Kanada, um dort von November 2007 bis Januar 2008 in Langley und Vancouver in ihrem nächsten Film mitzuwirken. *What Goes Up* ist die Geschichte eines Journalisten (Steve Coogan), der eigentlich über den Start des Spaceshuttles Challenger berichten soll und dabei ein paar Teenager kennenlernt, die allerlei Probleme haben. Die Tragikomödie hatte am 8. Mai 2009 beim 3. Annual Buffalo Niagara Festival Premiere. Aber auch dieser Film wurde in den USA dann nur in wenigen Kinos veröffentlicht. Für Deutschland steht bisher noch kein Datum fest. Die Fans werden sich also ein wenig gedulden müssen.

Auch privat läuft es glänzend für Hilary Duff. Bei einem Urlaub auf Hawaii hat ihr Mike Comrie im Februar 2010 nach zweijähriger Beziehung einen Heiratsantrag gemacht, den sie freudig annahm.

Der Film, den Hilary anschließend in Santa Clarita, Kalifornien, drehte, kommt voraussichtlich 2010 in die Kinos. *Stay Cool* hatte seine Premiere bereits am 23. April 2009 beim Tribeca Film Festival, wo er gute Kritiken erhielt. In der Komödie der Brüder Mark und Michael Polish geht es um einen erfolgreichen Autor, der in seine Heimatstadt zurückkehrt, um an seiner alten Highschool vor den Absolventen eine Rede zu halten. Dabei trifft er alte Freunde und seinen Jugendschwarm. Hilary spielte die sexy Highschoolschülerin Shasta O'Neal, die ein Auge auf den Autor geworfen hat und mit ihm auf ihren Abschlussball gehen möchte. Viele hochkarätige Stars spielen mit: Winona Ryder *(Edward mit den Scherenhänden)*, Josh Holloway *(Lost)*, Sean Astin *(Herr der Ringe)* und

Chevy Chase *(Hilfe, die Amis kommen)*. Die Dreharbeiten waren im September 2008 zu Ende, in dem Monat, in dem Hilary 21 Jahre alt wurde.

Im Vorfeld ihres Geburtstags kam es bei einem Gerichtstermin wegen der Scheidung ihrer Eltern zu einer unschönen Szene. Es fing damit an, dass sich Susan und Robert wegen der Geburtstagsparty ihrer Tochter stritten – Susan verlangte für die Ausrichtung der Party Geld von Robert. Am Ende wurde Hilarys Dad wegen Missachtung des Gerichts abgeführt und zu zehn Tagen Gefängnis verurteilt. Nachdem er eine Nacht dort verbracht hatte, kam Robert Duff auf Kaution frei. Weder Hilary noch Haylie waren bei dem Vorfall im Gericht anwesend.

Erfreulicher für Hilary war die Veröffentlichung ihres zweiten Greatest-Hits-Albums, *Best Of Hilary Duff*, das am 11. November 2008 erschien. Auf der ersten Single des Albums, *Reach Out*, wurde ein Sample des Depeche-Mode-Hits *Personal Jesus* verwendet. Der Song wurde ein Dancehit und erreichte Platz eins der amerikanischen Dance Charts. Nach Veröffentlichung von *Best Of Hilary Duff* gab Hilary bekannt, dass sie nach sechsjähriger Zusammenarbeit ihr Plattenlabel Hollywood Records verlassen würde.

Anfang 2009 wagte sich Hilary wieder auf altbekanntes Terrain: Sie plante eine eigene Kollektion für das Lable DKNY Jeans. Da sie selbst gern Jeans trägt, fiel ihr die Entscheidung für diese Zusammenarbeit leicht. Auf *people.com* erklärte der Star: »Ich fand DKNY Jeans schon immer toll und habe sie gern getragen, also war es nur logisch, dass wir zusammenkamen. Wir verstanden uns sofort und wollten Sachen für junge Frauen wie mich entwerfen.«

Nach den vielen Filmen, die Hilary in den letzten Jahren gedreht hatte, spielte sie 2009 erst einmal in verschiedenen Fernsehserien mit. In der Folge *Schwarze Witwe* der Serie *Ghost Whisperer – Stimmen aus dem Jenseits*, in der Jennifer Love Hewitt die Hauptrolle spielt, hatte sie einen Gastauftritt als Morgan Jeffries. Das war eine Frau, die von einem Geist heimgesucht wird und Visionen hat, in denen sie durchs Zimmer schwebt. Ausgestrahlt wurde die Folge in den USA zum ersten Mal am 10. April 2009 und in Deutschland am 9. Oktober 2009.

Als Nächstes stand ein Gastaufritt in der Serie *Law & Order: New York* auf dem Plan. In Folge 19 der zehnten Staffel, die am 28. April 2009 in den USA im Fernsehen lief, in Deutschland aber noch nicht ausgestrahlt wurde, spielte Hilary eine Frau namens Ashlee Walker.

Am meisten Aufsehen erregte jedoch Hilarys Auftritt in der Kultserie *Gossip Girl*. In den Folgen vier bis neun der dritten Staffel übernahm der ehemalige Kinderstar die Rolle der Olivia Burke. Olivia ist eine berühmte Schauspielerin, die sich an der New York University einschreibt, in der Hoffung, ein normales Collegeleben führen zu können. Die Rolle war von *Harry Potter*-Star Emma Watson inspiriert, die seit September die Brown University besuchte. Olivia teilt sich ein Zimmer mit Vanessa (Jessica Szohr) und kommt mit Dan (Penn Badgley) zusammen. Als sie das College wegen eines neuen Films plötzlich wieder verlassen muss, will sie das Studentenleben vorher noch einmal voll auskosten. Es kommt zu einem flotten Dreier mit Vanessa und Dan. Diese Szene

sorgte für viel Wirbel und gestiegene Einschaltquoten, als die Folge trotz der Proteste besorgter Eltern ausgestrahlt wurde. In Deutschland müssen sich die Fans noch etwas gedulden, bevor sie Hilary als Olivia zu sehen bekommen, denn im deutschen Fernsehen läuft gerade erst die zweite Staffel von *Gossip Girl*.

Als sich das Jahr 2009 dem Ende neigte, war auch ein Jahrzehnt abgeschlossen. In allen Zeitschriften wurden Listen mit den besten Alben, Songs und Filmen veröffentlicht. *Billboard* druckte Listen der »200 Künstler des Jahrzehnts« und der »200 Alben des Jahrzehnts«. Hilary belegt in der Liste der Künstler Platz 69 und in der Liste der Alben Platz 80 mit *Metamorphosis*.

Aber auch 2010 ruht Hilary sich nicht auf ihren Lorbeeren aus. Ihre Fans können sich auf drei neue Filme freuen. In dem Familiendrama *Provinces Of Night*, das auf dem Roman *Provinzen der Nacht* von William Gay basiert und in den Fünfzigern in Tennessee spielt, übernahm sie die Rolle der Raven Lee Halfacre. Die Dreharbeiten begannen im April 2009. Unter anderen spielten Val Kilmer, Kris Kristofferson und Reece Thompson mit.

Danach übernahm Hilary die Hauptrolle in dem Fernsehfilm *Beauty And The Briefcase*, der auf dem Buch *Diaries Of A Working Girl* von Daniella Brodsky basiert. In dieser romantischen Komödie ist Hilary eine Modejournalistin, die in der Hoffung, die Liebe ihres Lebens zu finden, undercover in der Geschäftswelt arbeitet, während sie einen Artikel darüber schreibt, wie es ist, mit Anzugträgern auszugehen. Regie führte Gil Junger, der zum Beispiel auch *10 Dinge, die ich an dir hasse* mit Heath Ledger und Julia Stiles gedreht hatte.

Angekündigt ist der Film *The Story Of Bonnie And Clyde*, in dem Hilary Bonnie Parker und Kevin Zegers Clyde Barrow spielen soll. Die Geschichte des Gangsterpärchens wurde bereits mehrmals verfilmt. Am bekanntesten ist wohl die Version von 1967 mit Warren Beatty und Faye Dunaway.

Auch privat läuft es glänzend für Hilary Duff. Bei einem Urlaub auf Hawaii hat ihr Mike Comrie im Februar 2010 nach zweijähriger Beziehung einen Heiratsantrag gemacht, den sie freudig annahm. Angeblich soll der Verlobungsring eine Million Dollar gekostet haben. Bisher steht noch kein Datum für die Hochzeit fest, aber Hilary, die von einer Feier im kleinen Kreis träumt, macht sich schon Gedanken über ihr Kleid: »Ich möchte ein traditionelles Kleid. Es soll aber nicht zu groß und ausladend sein, weil ich ja ziemlich klein bin. In einem pompösen Kleid würde ich wie ein Cupcake aussehen.«

Hilary lässt sich also nicht beirren und arbeitet weiter fleißig an ihrer Schauspielkarriere. Ein neues Album soll ebenfalls geplant sein. Mit nur 22 Jahren hat sie schon eine beachtliche Karriere hinter sich, die von vielen Erfolgen gekrönt war. Auch wenn es den einen oder anderen Rückschlag gab, hat sie sich davon nicht entmutigen lassen und ist ihren Weg weitergegangen. Von Skandalen blieb sie dabei weitestgehend verschont. Sie hebt sich von anderen Popstars dadurch ab, dass sie immer sie selbst geblieben ist. Ihre Fans sind ihr über die Jahre treu geblieben und können sich hoffentlich noch auf viele Filme und Alben ihres Lieblingsstars freuen.

Das Hilary-Duff-Rätsel

1. Wie heißt Hilarys Hund, nach dem ihre Modelinie für Hunde benannt wurde? (9 Buchstaben)
2. Wer war Hilarys Co-Star in *Agent Cody Banks*? (12 Buchstaben)
3. Wie lautete der Arbeitstitel der Serie *Lizzie McGuire*? (19 Buchstaben)
4. Wie heißt Hilarys Lieblingskaugummi, von dem sie ihren Spitznamen hat? (10 Buchstaben)
5. Wie heißt Hilarys Vater? (6 Buchstaben)
6. Wie lautet der Name von Ashton Kutchers Fernsehsendung? (5 Buchstaben)
7. In welchem Film, der auf einem Comicbuch basiert, spielte Hilary ihre erste Hauptrolle? (17 Buchstaben)
8. Wie heißt Hilarys erstes Album? (13 Buchstaben)
9. Was für ein Auto fährt Hilary? (10 Buchstaben)
10. Als welche Band aus den Sechzigern trat Hilary zusammen mit Haylie in der Serie *American Dreams* auf? (10 Buchstaben)
11. Wie heißt die Band ihrer Schwester Haylie, die Hilary zum Singen inspirierte? (7 Buchstaben)
12. Bei welcher Sitcom wurde Hilarys Rolle gestrichen, bevor diese auf Sendung ging? (6 Buchstaben)
13. Wie heißt Hilarys Mutter? (12 Buchstaben)
14. Wie lautet der Titel des animierter Films, in dem die Duff-Schwestern Sprecherrollen hatten, der bis heute aber nicht veröffentlicht wurde? (9 Buchstaben)
15. Wie heißt Hilarys Single vom Soundtrack zu *Popstar auf Umwegen*? (6 Buchstaben)
16. Wie heißt der erste Song, den Hilary je aufgenommen hat? (9 Buchstaben)
17. Wie heißt eine von Hilarys Lieblingsfernsehserien? (7 Buchstaben)
18. Mit wem führte Hilary einen Zickenkrieg? (Tipp: Sie waren beide mit Aaron Carter zusammen.) (12 Buchstaben)
19. Welche Rolle spielte Hilary in *Der himmlische Plan*? (5 Buchstaben)
20. Wie lautet der Name der Fernsehserie, aus der nichts wurde und in der die Duff-Schwestern von einem Alien gefressen wurden? (10 Buchstaben)
21. Wie heißt Hilarys bisher erfolgreichste Single? (11 Buchstaben)
22. Wie heißt der Film, in dem Christy Romano mitspielte und der auf einer Goldie-Hawn-Komödie basierte? (11 Buchstaben)
23. Welche Rolle spielte Hilary in *Cinderella Story*? (3 Buchstaben)
24. Wie lautet der Name der ersten Single aus dem Album *Most Wanted*? (6 Buchstaben)
25. Wie heißt Hilarys Exfreund? (10 Buchstaben)

Die Antworten sind auf der nächsten Seite →

Die Antworten

1. Little Dog
2. Frankie Muniz
3. *What's Lizzie Thinking*
4. Juicy Fruit
5. Robert
6. *Punk'd*
7. *Casper trifft Wendy*
8. *Metamorphosis*
9. Range Rover
10. Shangri Las
11. Trilogy
12. *Daddio*
13. Susan Colleen
14. *Foodfight*
15. *Why Not*
16. *I Can't Wait*
17. *Nip Tuck*
18. Lindsay Lohan
19. Ellie
20. *Underworld*
21. *So Yesterday*
22. *Soldat Kelly*
23. Sam
24. *Wake Up*
25. Joel Madden

Hilarys Filmografie und Diskografie

Filmografie

Jahr	Filme
2010	The Story Of Bonnie And Clyde
2010	Provinces Of Night
2009	Stay Cool
2009	Greta
2009	What Goes Up
2008	War Inc. – Sie bestellen Krieg: Wir liefern!
2006	Foodfight! (Sprecherrolle)
2006	Material Girls
2005	Im Dutzend billiger 2 – Zwei Väter drehen durch!
2005	Der perfekte Mann
2004	Die Suche nach dem Weihnachtsmann (Sprecherrolle)
2004	Raise Your Voice – Lebe deinen Traum
2004	Cinderella Story
2003	Im Dutzend billiger
2003	Popstar auf Umwegen
2003	Agent Cody Banks
2001	Human Nature – Die Krone der Schöpfung
1998	Casper trifft Wendy
1998	Leben und lieben in L.A.

Jahr	TV-Filme
2010	Beauty and the Briefcase
2002	Soldat Kelly
1999	Der himmlische Plan
1997	True Women (auch bekannt als: Western Ladies – Ihr Leben ist die Hölle)

Jahr	TV-Serien
2009	Gossip Girl (6 Folgen)
2009	Law & Order: New York (1 Folge)
2009	Ghost Whisperer – Stimmen aus dem Jenseits (1 Folge)
2005	Die himmlische Joan (1 Folge)
2005/2003	George Lopez (2 Folgen)
2004	Frasier (1 Folge)
2003	American Dreams (1 Folge)
2001–2004	Lizzie McGuire (65 Folgen)
2000	Chicago Hope – Endstation Hoffnung (1 Folge)

Diskografie

Jahr	Diskografie
2008	Best Of Hilary Duff
2007	Dignity
2005	Most Wanted
2004	Hilary Duff
2004	A Cinderella Story (Soundtrack)
2003	Metamorphosis
2003	Popstar auf Umwegen (Soundtrack)
2002	Santa Claus Lane (Weihnachtsalbum)
2002	Lizzie McGuire (Soundtrack zur Serie)

Quellen

Artikel

Figler, Andrea. »Disney's Ms. Lizzie«, Cable World, 8. April 2002.

Gensler, Howard. »Hilary's Career Crisis«, Philadelphia Daily News, 17. Juni 2005.

Hanson, Taylor. »Hilary Duff: teen angst is, like, so yesterday, now that this singer, actress, and total alpha girl is all the rage. Totally!«, Interview, Februar 2004.

Hobson, Louis B. »Hilary Duff Living a Fairy Tale«, Calgary Sun, 11. Juli 2004.

Huff, Richard. »A Very Busy Miss ›Lizzie‹«, New York Daily News, 1. Dezember 2002.

Mathieson, Craig. »No Duff Lines«, The Age, 30. Oktober 2004.

Myers, Stephanie. »A Q&A With Hilary Duff«, Texas Monthly, 1 Februar 2003.

Schodolski, Vincent J. »Hilary is, Like, in a Good Place Right Now«, Chicago Tribune, 8 Juli 2005.

Internet-Artikel

»Avril Lavigne Busts Hilary's Chops … Again!«, http://www.chartattack.com/damn/2004/03/2303.cfm, 23. März 2004.

Downey, Ryan J. »Hilary Duff: Not Just for Kids«, http://www.mtv.com/shared/movies/features/d/duff_hillary_ news_feature_060203.

Hiatt, Brian. »Duff Enough«, http://www.ew.com/ew/report/0,6115,474123_4|79452||0_0_,00.html, 15. Juni 2003.

Lin, Lynda. »Hilary Duff: A Teenage Sensation«, http://www.themovieinsider.com/interviews/interview.php? cid=117, 20. März 2002.

Murray, Rebecca. »Hilary Duff Talks About ›Raise Your Voice‹«, http://movies.about.com/od/raiseyourvoice/a/raisehd092804.htm.

Welner, Allison Hope. »Lizzie Tizzy«, http://www.ew.com/ew/report/0,6115,456892_3|79452||0_0_,00.html, 5. Juni 2003.

Websites

About.com, http://www.about.com.

Celebrity Spider, http://www.celebrityspider.com/archives/hilaryduff2.html.

Hilary-Duff.Net, http://www.hilary-duff.net/_jf/hilary/.

Hilary Duff, Official Fan Site, http://www.hilaryduff.com/html_2003/main_site/ frameset.htm.

Hilary On the Web, http://www.hilaryontheweb.com/interviews/hilary-duff-interviews-index.html.

Internet Movie Database, http://www.imdb.com.

MTV.com-News, http://www.mtv.com/news/.

World Entertainment News Network, http://www.wenn.com/.

Wikipedia, http://www.wikipedia.com.

Rotten Tomatoes, http://uk.rottentomatoes.com/.

Edrick Thay

Edrick Thay ist ein eingefleischter Filmfan. Zu seinen Lieblingsfilmen zählen *Heat, Der letzte Mohikaner, Insider,* die *Pate*-Trilogie und natürlich die *Indiana Jones-* und *Star Wars*-Filme. Insgeheim steht er auch auf romantische Komödien aus Großbritannien wie zum Beispiel *Vier Hochzeiten und ein Todesfall* und *Notting Hill*. Edrick hat an der Indiana University Journalistik studiert. Er träumt davon, eines Tages in einem Loft in New York zu wohnen und Drehbücher für Blockbuster zu schreiben, aber momentan arbeitet er noch als freiberuflicher Autor in Toronto.

Danksagung

Wie immer gibt es viele Menschen, bei denen ich mich für ihre Hilfe bedanken möchte. Faye Boer, danke, dass ich wieder mir Dir zusammenarbeiten durfte. Es war mir eine große Freude, und ich bin Dir sehr dankbar, dass Du mich letzten Herbst aufgenommen hast, nachdem meiner Familie diese Tragödie zugestoßen ist. Wendy Pirk – es war ein willkommenes Wiedersehen. Deine sichere Lektorenhand hat aus der sperrigen Masse an Wörtern etwas Sinnvolles gemacht, und dafür bin ich Dir auf ewig dankbar. Ich danke den Mitarbeitern der Herstellungsabteilung von Folklore Publishing, Icon Press – Ihr habt es wieder einmal geschafft. Meine Worte sahen zwischen Buchdeckeln noch nie besser aus. Außerdem danke ich Meg de Bassecourt, Carmen Rojas, Curt Pillipow, Courtney Irwin, Allan Mott, Bonnie Kar, meinen Cousins Chris und Jenny Yang, Arpon Basu, James Lee, Chris Calvett und, wie immer, Dan Asfar. Ohne Eure Unterstützung wäre ich beim Schreiben dieses Buchs verrückt geworden. Auch meiner Familie bin ich zu Dank verpflichtet: meiner Mutter Robin, meinem Vater Joe und meinem Bruder Victor, dessen unerschütterliches Vertrauen unbezahlbar war. Am meisten danke ich meinem Zwillingsbruder Eldwin, der sich nie darüber beschwert, dass ich immer wieder ein Chaos in seiner Wohnung verbreite. Ohne ihn hätte ich dieses Buch nicht schreiben können, denn ich hätte auf der Straße gesessen. Ich werde einen Weg finden, mich eines Tages für Deine Großzügigkeit erkenntlich zu zeigen.

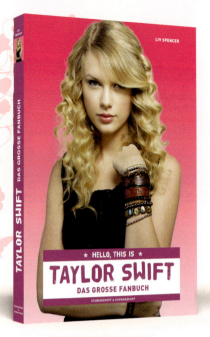

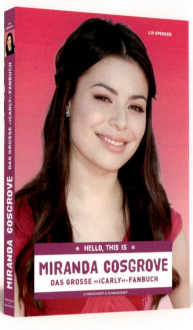

HELLO, THIS IS TAYLOR SWIFT
Das große Fanbuch. Von Liv Spencer. Ca. 168 Seiten, etwa 100 farbige Abbildungen. Quality Paperback, Fadenheftung, Kunstdruckpapier, durchgehend in Farbe. ISBN 978-3-89602-573-9. Preis 14,95 € – *Erstes deutsches Fanbuch der mehrfachen Grammy-Preisträgerin!*

HELLO, THIS IS MIRANDA COSGROVE
Das große »iCarly«-Fanbuch. Von Liv Spencer. 144 Seiten, etwa 100 Abbildungen. Quality Paperback, Fadenheftung, Kunstdruckpapier, durchgehend in Farbe. ISBN 978-3-89602-962-1. Preis 14,90 € – *Das erste deutsche Fanbuch über den sympathischen Shootingstar!*

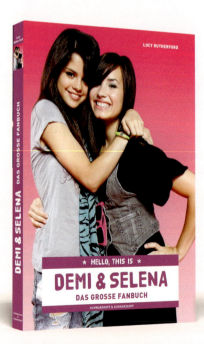

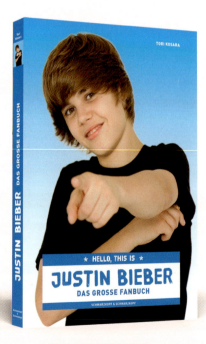

HELLO, THIS IS DEMI & SELENA
Das große Fanbuch. Von Lucy Rutherford. 128 Seiten, etwa 100 Abbildungen, Quality Paperback, Fadenheftung, Kunstdruckpapier, durchgehend in Farbe. ISBN 978-3-89602-931-7. Preis 14,90 € – *Das Buch für alle Fans der Disney-Superstars Selena Gomez und Demi Lovato!*

HELLO, THIS IS JUSTIN BIEBER
Das große Fanbuch. Von Tori Kosara. Ca. 160 Seiten, etwa 100 farbige Abbildungen. Quality Paperback, Fadenheftung, Kunstdruckpapier, durchgehend in Farbe. ISBN 978-3-89602-574-6. Preis 14,95 € – *Das große Fanbuch über den Mädchenschwarm und Shootingstar des Jahres 2010!*

 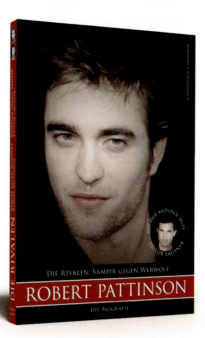

**DIE »TWILIGHT«-SAGA –
ZUM BEISSEN SCHÖN**
Das große Fanbuch. Von Liv Spencer. 168 Seiten, ca. 100 Abbildungen, Quality Paperback, Fadenheftung, Kunstdruckpapier, durchgehend in Farbe. ISBN 978-3-89602-997-3. Preis 14,95 € – *Mit Infos zu den »Twilight«-Büchern, Stars und Dreharbeiten*

DIE RIVALEN
Robert Pattinson: Vampir gegen Werwolf. Die Biografie | Taylor Lautner: Werwolf gegen Vampir. Die Biografie. Wendebuch von Martin Howden. 160 Seiten, viele Abbildungen, Quality Paperback, Fadenheftung, Kunstdruckpapier. ISBN 978-3-89602-982-9. Preis 14,90 € – *»Genau richtig für alle Fans!« Girlsfriends*

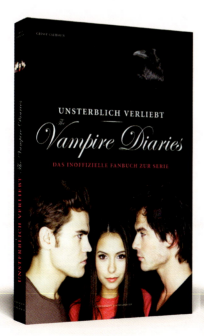 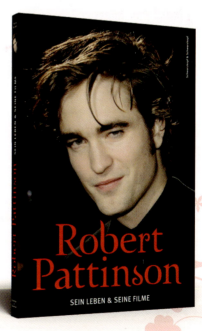

**UNSTERBLICH VERLIEBT –
THE VAMPIRE DIARIES**
Das inoffizielle Fanbuch zur Serie. Von Crissy Calhoun. 168 Seiten, ca. 100 Abbildungen, Quality Paperback, Fadenheftung, Kunstdruckpapier, durchgehend in Farbe. ISBN 978-3-89602-998-0. Preis 14,95 € – *Das erste Fanbuch zur neuen Vampirserie!*

ROBERT PATTINSON
Sein Leben & seine Filme. Von Virginia Blackburn. 152 Seiten, etwa 100 farbige Abbildungen, Quality Paperback, Fadenheftung, Kunstdruckpapier. ISBN 978-3-89602-945-4 Preis 14,90 € – *»Die erste umfassende Biografie über den neuen Megastar Robert Pattinson.« Forher.de | SPIEGEL-Bestseller!*

BILDNACHWEIS

© splashnews.com: S. 2, 4, 9, 14, 18, 25, 33, 40, 57 beide, 61, 62, 64, 68, 74, 75, 76, 77, 83, 88, 93, 95, 106, 107, 112, 117 | © WENN.com: S. 20, 24, 27, 29, 42, 47, 48, 51, 66, 85, 90, 92, 96, 99, 109, 111, 123; sowie: S.6, 30, 78, 115, 121: PNP/WENN.com | S.10: FayesVision/WENN.com | S.12, 69, 118: Flashpoint/WENN.com | S.17, 103: Nikki Nelson/WENN.com | S.23: Brian Mackness/WENN.com | S.37 David B Edwards/WENN.com | S.39: Robert Wallace/WENN.com | S.45: Daniel Deme/WENN.com | S.52: David Livingston/WENN.com | S.54: Anthony Dixon/WENN.com | S.59: Andres Otero/WENN.com | S.67: Ray Filmano/WENN.com | S.70: L.Gallo/WENN.com | S.73, 104: Jody Cortes/WENN.com | S. 86: Mr Blue/WENN.com | S.91: Daniel Britt/WENN.com | S.100: Doug Meszler/WENN.com | S.102: Dimitri Halkidis/WENN.com | S.113: FayesVision/WENN.com | Hintergrundbilder: fotolia.de | Titelfoto: © splashnews.com

Hello, this is
HILARY DUFF
Das große Fanbuch
Von Edrick Thay

Genehmigte Lizenzausgabe © der deutschen Übersetzung:
Schwarzkopf & Schwarzkopf Verlag GmbH, Berlin 2010
ISBN 978-3-89602-932-4

Aus dem Englischen übersetzt von Madeleine Lampe | Lektorat: Sabine Tuch | Satz und Gestaltung der deutschen Ausgabe: Regina Urbauer | Erstmals veröffentlicht unter dem Titel »Hilary Duff: Her Story and Her Rise of Fame« in Kanada von Icon Press | Copyright © Icon Press 2008 | »Hello, this is HILARY DUFF – Das große Fanbuch« ist weder von Hilary Duff noch von ihrem Management, dem Disney Channel oder der Disney-ABC Television Group autorisiert.

Dieses Werk ist urheberrechtlich geschützt. Jede Verwendung, die über den Rahmen des Zitatrechts bei vollständiger Quellenangabe hinausgeht, ist honorarpflichtig und bedarf der schriftlichen Genehmigung des Verlages. Die Aufnahme in Datenbanken sowie jegliche elektronische oder mechanische Verwertung ist untersagt.

KATALOG
Wir senden Ihnen gern kostenlos unseren Katalog.
Schwarzkopf & Schwarzkopf Verlag GmbH
Kastanienallee 32, 10435 Berlin
Telefon: 030 – 44 33 63 00 | Fax: 030 – 44 33 63 044

INTERNET & E-MAIL
www.schwarzkopf-schwarzkopf.de
info@schwarzkopf-schwarzkopf.de